고뇌하는 영혼

최순남 지음

KB191970

고뇌하는 영혼

초판 발행일	2017년 2월 22일
개정판 발행일	2017년 3월 29일

지은이	최 순 남
펴낸이	손 형 국
펴낸곳	(주)북랩
편집인	선일영
편집	이종무, 권유선, 송재병, 최예은
디자인	이현수, 이정아, 김민하, 한수희
제작	박기성, 황동현, 구성우
마케팅	김회란, 박진관
출판등록	2004. 12. 1(제2012-000051호)
주소	서울시 금천구 가산디지털 1로 168, 우림라이온스밸리 B동 B113, 114호
홈페이지	www.book.co.kr
전화번호	(02)2026-5777
팩스	(02)2026-5747

ISBN	979-11-5987-523-6 03230(종이책) 979-11-5987-450-5 05230(전자책)

최순남 에세이

고뇌하는 영혼

Jesus

북랩 book Lab

영겁회귀

날마다
내 집 앞을 지나가는 그녀
쳐다보아도
물어보아도
곁눈질 한번 주지 않고 가는 그녀
어디서 와서 어디로 가는지
나는 모르네

해가 포물선을 그리면
반원의 끝자락에서
황홀한 빛을 남기고 숨어버리는 그녀
왜 그런지
나는 모르네

세상을 흔드는
권력도
황금도

사랑의 환희도
조용히 잠들게 하는 그녀
그녀가 누구인지
나는 모르네

공간 씨줄에 시간 날줄의 북을 넣고
사랑과 미움의 베틀이 철석이면
살며시 왔다가 가버리는 그녀
신의 뜻인지
우주 질서인지
나는 모르네

오늘도
꽃이 피고 달이 떠오르면
그녀는 강물 따라 흘러가네

목차

Chapter 5. 은총

마치는 글 : 고뇌하는 영혼의 노래

허수아비 춤

"나는 꿈에도 잊지 못할 사랑하는 사람과 아름다운 숲 속에서 산보를 하고 있었다. 그녀는 공주처럼 아름다웠고 나의 옷은 남루하였다. 그러나 그녀는 나를 사랑한다고 이마에 키스를 해주었다. 나는 황홀했다."

꿈 분석학자들은 이 꿈을 어떻게 해석할까? 이 꿈은 주인공의 마음을 위로하는 즐거운 환영(幻影)일 수도 있고 현실생활에서 억압된 욕정의 만족이라는 견해를 펼 수도 있을 것이다.

나는 젊었을 때 꿈이 하나 있었다. 은퇴 후에 귀농하여 물이 흐르는 산골에서 자연과 더불어 소박하게 사는 꿈이었다. 그러나 나는 그 꿈을 이루지 못하고 아직도 아파트에서 살고 있다. 그래서일까? 나는 가끔 물이 흐르는 계곡 산속에서 헤매는 꿈을 꾸다 깬다. 어젯밤 나는 고향 논두렁에 서 있는 허수아비와 손을 잡고 춤을 추는 꿈을 꾸었다.

허수아비

가을 들녘 황금물결이 일면
옷소매를 펄럭이며
농부와 손을 잡고 추수감사 춤을 추는
허수아비

푸른 하늘에 흰 구름이 떠가면
바람 자는 날을 기다려
벙거지를 눌러 쓰고
하늘과 바람과 구름의 서정시를 읊는
허수아비

구름이 해를 가리고 비가 오면
어깨를 축 늘어뜨리고
주룩 주룩 눈물을 흘리며
해님을 그리워하는
허수아비

황금물결이 사라지고
참새들도 오지 않고
함박눈이 펑 펑 내리는 날

헛간에서 거미집 신세가 되었네
허수아비

춤추고
시를 쓰고
눈물을 흘리다
거미집이 되어준 허수아비
왜 춤추고 시를 쓰는지
왜 해님이 그리워지는지
모르는 채
온종일 들판에 서 있네
허수아비

　융(G. Jung)에 의하면 꿈은 그 사람의 무의식과 깊은 관련이
있어서 그 사람의 삶에 중요한 의미가 있다고 한다. 그렇게 보
면 이 '허수아비' 꿈은 내 무의식 속에 잠자는 어린 시절의 향
수일 수도 있고 마음에 그리는 어떤 꿈의 환영일 수도 있을 것
같다.
　나는 여행하면서 들판을 지날 때 허수아비의 운명을 상상한
다. 저 허수아비는 누구의 손에 의해 만들어졌을까? 무엇 때
문에? 그리고 가을걷이가 끝나면 어떻게 될까? 나는 허수아비
와 무엇이 다른가? 옷소매를 펄럭이는 허수아비를 생각하면

내 지나온 삶이 들판에서 춤을 춘다.

세상 사람들이 가는 길, 사랑, 돈, 출세의 길이 나에게도 열려있다고 믿었던 때가 있었다. 그 무렵 나는 "나의 존재는 나의 선택으로 이루어졌다. 자유의 길이다"는 사르트르(P. Sartre)의 말을 참으로 좋아했다. 그리고 나는 '던져진 존재'이지만 동시에 나를 '던질 수 있는 존재다'라고 말한 하이데거(M. Heidegger)도 참으로 좋았다.

그 무렵, 나는 늘 다짐 같은 것을 하며 살았다. 나는 비록 이 넓은 세상에 작은 씨앗 같은 존재로 던져졌을지라도 나 스스로 나를 가능케 해야 한다. 내가 처한 자리에서 나를 이겨내야 한다. 의미 있는 곳으로 나를 던져야 한다. 이러한 생각이 내 삶의 의미이고 꿈이고 고뇌였다. 이 의미 때문에 세상 물결에 순응하고 때로는 거슬리기도 하면서 세상을 줄달음쳐 왔던 것 같다.

그런데 어느 날 거울에 미친 내 모습을 보니 아니었다. 너무 초라했다. 후줄근히 비를 맞고 눈물을 흘리는 허수아비 꼴이었다.

그렇게나 좋아했던 나의 선택의 의지, 자유의 길은 어디로 갔을까? 스스로 나를 이겨내야 한다는 의지는 어디로 갔을까? 태풍 앞에 그냥 망가져 버리는 우산 같은 것이었을까? 내 영혼은 비에 흠뻑 젖고 있었다. 내가 좋아했던 선택의 의지도 자유도 바라는 대로 조절되지도 가능하지도 않았다. 현실 앞에서

늘 벽이었다. 나는 우울했다. 이것이 나의 존재란 말인가? 나는 정말 바람이 불면 옷소매를 펄럭이는 허수아비와 같은 존재인가? 내 존재의 방 안에는 자유가 아닌 운명적 허무감이 채워져 가고 있었다.

'그것이 아니야'. 그 무렵 "인자는 머리 둘 곳이 없다"고 한 예수의 말이 내 마음에 울려왔다. 함축적으로 인간의 고뇌를 표현한 예수의 이 말이 절망적 상태에 있던 내 영혼을 두드렸다. 그리고 "원수를 사랑하라" "죄 없는 자가 이 여인에게 돌을 던져라"는 말을 남기고 십자가에 매달리신 예수가 내 영혼을 흔들었다. "헛되고 헛되도다. 모든 것이 헛되도다" 어디에도 기댈 곳이 없던 내 영혼은 어느 날 보니 모든 것을 접고 신학교 기숙사에 짐을 내려놓고 있었다.

신학교는 산으로 둘러싸여 있었다. 숲 속에 여기저기 흩어져 있는 기숙사는 아름답고 평화로웠다. 흰 구름이 떠가는 하늘, 조용한 교정에서 바쁘게 생활하는 학생들의 모습이 발랄하고 신선하게 보였다. 모두가 아름다웠다. 나는 그 아름다운 곳을 허락하신 신에게 감사하며 채플 시간도 수업시간도 성실하게 참여했다. 그러나 내 영혼은 아니었던 것 같다.

두 학기가 끝날 무렵이었을 것이다. 나는 십자가 몽둥이에 뒤통수를 얻어맞고 말았다. 내 영혼이 쓰러져 내 생활은 뒤죽박죽되어버렸다. 나는 많이 앓았다. 그 날 이후 나는 힘이 빠진 채 멍청한 바보가 되어가고 있었다. 하늘을 쳐다보아도, 숲에서도, 교실에서도, 꿈속에서도 항상 십자가는 내 영혼을 혼란케 했다.

학교 수업 중에는 매일 오전 10시 채플 시간이 있었다. 어느 날 나는 채플 실 중앙에 있는 십자가를 보았다. 십자가는 거룩하게 빛났다. 그런데 그 십자가에 어린 시절 고향 논 가운데 서 있는 허수아비가 겹쳐져 나타났다.

때로는 바람에 옷소매를 펄럭이며 춤을 추고, 때로는 비를 맞고 눈물을 흘리며 서 있던 허수아비, 불쌍하기도 하고 가엽기도 한 허수아비는 왜 지금 십자가 앞에서 어른거릴까?

눈물을 흘리는 남루한 허수아비, 인류의 고난을 대신 지고 간 피 묻은 십자가, 어쩌면 내 눈물일지도 모르는 허수아비의 눈물, 어쩌면 내 아픔일지도 모르는 피 묻은 십자가, 둘은 왜 아무 말 없이 나를 응시하고 있을까? 조용히 그리고 묵묵히.

피 묻은 거룩한 십자가, 눈물을 흘리는 하찮은 허수아비, 십자가는 나에게 무엇일까? 허수아비는 나에게 무엇일까? 이 복잡한 생각은 신학교 생활 내내 내 머리에서 지워지지 않았다.

나는 어찌어찌 신학교를 졸업했다. 그러나 신학교를 졸업하고도 갈 길을 정하지 못하고 갈등하고 방황했다. 그리고 결국 목회자의 길을 포기했다. 내 인생길을 수정한 것이다. 그때 내 나이 29세였다. 나는 사회사업가의 길을 가기로 했다. 그 이유는 목회자의 길이 십자가를 지는 길이어서였을까? 그보다는 내가 목회자 자격이 없다고 생각되었기 때문이다.

이 변명은 덴마크의 실존주의 철학자 키에르케고르(S. Kierkegaard)가 그렇게 사랑했던 레기네 올센과 약혼을 파기하고 늘어놓았던 변명과 흡사할지 모른다. 다른 점이 있다면 키에르케고르는 사랑이냐 신(神)이냐의 갈림길에서 자신의 인생에서 후회하지 않는 길 '신 앞에 선 단독자'의 길을 선택했고 나는 아직도 하늘을 향하여 고뇌하는 영혼이다.

주여!
당신 자비가 하늘에 이르고
진실하심이 구름까지 닿나이다
생명의 샘이 진정 당신께 있고
나는
당신의 빛을 통해 만물을 봅니다

바람이 세게 불고
구름이 해를 가릴지라도
당신의 빛을 굴절시켜 보지 않게 하소서
내 영혼을 당신의 은혜의 끈으로 묶어 주소서
오 주여!

정년은 참으로 아픈 것인가 보다.
고뇌하고 방황했던 내 젊은 시절, 일이 인생의 전부인 줄 알고 살았던 내 중년의 착각, 그러다가 정년을 맞이했다. 정년은 지친 무거운 다리를 끌고 산모퉁이를 돌아가다가 뒤를 돌아보고 멍하니 서 있는 나그네의 마음이다.

그래서 위안이 필요했었는지, 읽고 쓰는 것을 영 지워버릴 수 없기 때문이었는지는 모르나 글을 쓰게 되었다. 그러니 재주도 없이 쓴 이 글이 불쑥 내민 내 뒤통수처럼 보일까 봐 쑥스럽고 부끄럽다. 그러나 글을 쓰는 동안에 나는 어머니를 불러보았고 돌아갈 수 없는 어린 시절을 고향이라는 물감으로 색칠하고 향수할 수 있는 시간은 내 아픈 정년에 위로가 되었다.

이 글과 관련된 네 점의 명화를 실었다. 여러분이 이 명화 속 작가들의 고뇌하는 영혼을 더하여 부족한 내 글을 읽어주시기 바라는 마음에서였다.

반 고흐, '자화상'   루벤스, '파리스의 심판'

아름다움, 사랑, 슬픔, 고뇌를 그린 작가들의 작품은 볼 때마다 나에게 감동을 주고, 위안을 준다. 내 영혼을 울린다. 고뇌하는 인가의 영혼을 울리는 작가들의 영혼이 작품 속에 들어 있기 때문이리라.

서현승 베드로 신부, '고뇌하는 예수'　　아메데오 모딜리아니, '파란 눈의 여인'

감사합니다. 푸른 하늘같이 깊은 당신의 사랑, 기쁨의 눈물을 흘릴 때도 아픔으로 고뇌하고 방황할 때도 손목을 꼭 붙잡아주신 당신, 그 은혜의 숲을 나는 오늘도 걷고 있습니다. 감사합니다.

　예수님의 고난을 묵상하며 그린 소중한 'Jesus 상'을 이 못난 책에 싣도록 허락해 주신 '예수고난회' 서승현 베드로 신부님께 마음 깊이 감사드립니다.

2017년 2월
최순남

Chapter 1.

여정(旅情) 여정(濾情)

Chapter 1.
여정(旅情) 여정(瀡情)

흐르는 것이 어찌 물 뿐이랴.

구름도 흐르고 세월도 흐르고

나를 찾는 고뇌의 강도 흐른다.

마음은 출렁거리는 파도

물이 고여 있지 않고 흐르듯이 항상 흐르고 싶다.

그리움 때문일까?

기다림 때문일까?

영혼의 소리를 듣기 위함 때문일까?

인생은 떠나는 것이리라.

여행은 사람을 만나고, 산을 만나고, 강을 만나고, 바람과 구름과 하늘을 만나지만 결국 자연 속에서 자기의 영혼과 만나는 것이다. 그래서 여행은 자기 자신에게로 떠나는 것이다.

푸른 하늘에 반원을 그리며 세상을 비추는 태양, 만물은 그 태양을 향해 얼굴을 돌린다. 인간은 그 빛을 통해 만물을 본다. 그리고 태양이 도는 그 길을 따라 돈다.

오늘도 뜨는 태양, 내일의 태양의 색은 오늘의 그것과 다를까? 아마 그럴 것이다. 하늘과 바람과 구름이 오늘의 그것과 다를 것이기 때문이다. 그래서 내일은 새롭다. 마음이 무거우면 고개를 들고 새로운 빛을 향해 얼굴을 돌려야 한다.

인생, 어디서 와서 어디로 가는지도 모르면서 떠나가는 여행자, 돌아오지 않는 기다림을 가슴에 남겨둔 채 떠나는 순례자, 모두 내려놓고 자연에 기대어 떠나는 것이다. 내 속에서 고뇌하는 영혼은 '신과 악마와의 싸움'에서 영혼의 소리를 들으러 떠나야 한다.

인생길은 '고뇌의 여정'이다.
고뇌의 여정은 삶의 의미를 찾는 시간이다.
그리고 종국에는 신을 만나는 순례이다.

은퇴,
또 다른 여정

돌아가리라! 전원이 황폐해져 가는데 어찌 돌아가지 않을소냐! 내 이미 마음을 육체의 사역으로 삼았으니 어찌 가슴 아프게 홀로 슬퍼하고만 있으랴.

이 글은 도연명(陶淵明)의 '귀거래사' 첫 구절이다. 도연명은 진(晉)나라 사람으로 41세에 창택(彰澤)의 현령이 되었는데 상사에게 아첨하기 싫어서 "내 어찌 쌀 다섯 말 봉급 때문에 상급자들한테 허리를 굽힐 수 있느냐"면서 사표를 내 던지고 귀향했다. 이 노래는 그때 읊은 노래다. 그는 세상의 공명을 버리고 평생을 전원에서 밭을 가꾸고 국화꽃을 심고 술을 마시고 시를 읊으면서 유유자적하며 살다가 63세를 일기로 세상을 떠났다고 한다.

"축하합니다" 정년 퇴임식 날 받은 인사다. 그런데 축하한다고 말하는 사람이나 축하를 받는 사람이나 표정이 왜 그리 밝지 못하고 어정쩡할까? '구조조정'이니 '명퇴'니 하여 젊은이들도 불안한 요즘 세태인데 65세까지 별 탈 없이 일하다 정년을 맞이했으니 축하인사가 쑥스러울 일도 아닌 것을… 왜 이리 가슴이 허전할까? 그동안 변변한 뭐 하나 이루지 못한 내 모습이 스스로에게 섭섭해서 그런 것인가?

은퇴는 아픈 것인가 보다.

나는 도연명처럼 상관에게 아첨하기 싫어 직장을 떠나는 것은 아니지만 무거운 짐을 지고 가다 내려놓은 홀가분함보다 한 인생길에 돌기 힘든 산모퉁이에 서서 앞산을 멍하고 바라보고 있는 심정이다. 그렇지만 어찌하랴 꽃이 진다고 바람을 탓하겠는가? 오동잎이 떨어지면 가을이 오는 것인 것을…

은퇴 후 나는 나에게 위로가 될 수 있는 일이 무엇일까 생각해보았다.

사진을 조금 해보았다. 기타도 배워보았다. 그러나 그것들은 내 마음에 위안이 되지는 못했다. 취미가 될 만큼 친숙해지는 데는 시간이 필요했을 것 같다. 나는 어쩔 수 없는 위인인가 보다. 도전정신이 부족한 나는 그동안 해 오던 텃밭 가꾸기와 여행 그리고 글 쓰는 데서 위안을 얻기로 했다. 텃밭에서 씨를 뿌리고 가꾸는 일은 나에게 즐거움이다.

여행도 그렇다. 여행은 떠나는 것인가 보다. 바람 소리가 나면, 구름이 흘러간 선이 보이고 그러면 떠나고 싶다. 그래서 내 마음이 출렁거릴 때 나는 떠난다. 나는 나를 묶고 있는 모든 것들로부터 자유로워지고 싶어 떠난다. 푸른 하늘에 한가롭게 떠가는 구름 속에 누어 내 영혼의 소리를 듣기 위해 떠난다.

구름은
청산에 마음 두고
이 하늘 저 하늘로 떠다니는
낭만객

바람은
창공에 정을 두고
이 산 저 산으로 불어 가는
방랑객

내 마음은
구름과 바람과 산을 넘나드는
자유로운 영혼
집시의 선율

　때론 산이고 구름이고 바람이고 싶은 방랑객, 도연명처럼 수
준 높은 시를 짓고 멋진 풍류를 즐기는 경지는 못 될지언정 서
서히 산모퉁이를 돌아 양지바른 곳에 집을 짓고 전원에 나무
를 심고 꽃을 가꾸며 그들과 벗 삼아 유유자적하려는 꿈을 꾸
고 있으니 그것으로 위안이 되는 것 같다.
　감사한다. 흙을 만질 수 있음에, 푸른 하늘에 떠가는 구름
을 볼 수 있음에, 자연의 소리를 들을 수 있음에 그래서 살아
숨 쉬고 있음에 감사하리라.

여행은
은혜

　몸과 마음이 시름시름 아파오는 날엔 하늘에 떠가는 구름도 시름시름 흘러간다. 바람 소리도 하늘빛도 우울하고 우중충하다. 지난여름 내 마음이 그랬다. 그래서였을까? 나는 몸을 이끌고 마음이 가는 대로 그냥 길을 떠났다. 남쪽행 기차를 탔다.

　기차는 들을 지나고 굴다리를 지나고 산을 돌아 지리산 줄기 섬진강 상류 숲 속을 지나고 있었다. 하늘은 높고 구름은 천천히 흘러가고 있었다. 그때 어디선가 우울하고 낭만적인 선율이 들려오고 있었다. 집시의 노래 '치고이네르바이젠(Zigeuner-weisen)'이었다.

　집시의 노래는 스페인 출신 작곡가 사라사테(P. Sarasate)가 만든 곡이다. 이 곡이 왜 오늘 나에게 들렸을까? 부드럽고 감미롭고 우울한 선율, 화려한 기교로 끝없는 방랑의 길로 흘러가는 구름과 바람과 시가 어우러진 낭만적인 선율이 나그네의 마음을 타고 흐르고 있었다.

　나는 나이가 들어가면서 울적할 때 '히브리 노예들의 합창'을 들으면서 위로를 받는다. 그리고 마음이 심란하여 바람처럼 어디론가 집시가 되어 떠나고 싶을 때는 '치고이네르바이젠'의 선율에서 위로를 받는다.

시간은 구름 따라 흘러가는 것인지 산 그림자도 반쯤 지워져 갈 무렵 여행객도 꿈속에서 깨어나고 선율은 기차 레일을 타고 서서히 멀어져가고 있었다. 기차는 천천히 산모퉁이를 지나서 지리산 줄기 섬진강 상류 쪽을 지나가고 나는 기차에서 내려 '압록산장'이라는 조그마한 매운탕 집에 짐을 내려놓았다.

아름다운 자연!

자연은 그곳에 이미 와서 나를 기다리고 있었다. 푸른 숲, 맑은 공기, 햇빛, 바람, 높푸른 하늘에 떠가는 구름들이 강물 따라 흘러가다 말고 쉬고 있었다. 내 발은 그들의 뜻을 알아차렸는지 걸음을 멈추게 했다. 아름답고 신비한 자연은 행복한 꿈처럼 펼쳐져 있었다. 감사합니다. '오늘도 나는 당신의 숲을 걷고 있습니다.'

주인아저씨는 그 지역이 섬진강과 보성강으로 갈라지는 지점이라고 말해주었다. 나는 다음날 강가로 나가 보았다. 강 주변은 푸른 숲이 우거진 자연 그대로였다. 강은 흘러가고 있었다. 한줄기 강물이 두 줄기로 갈라져 흘러가고 있었다. 보성강과 섬진강, 나는 그 강물을 바라보면서 만나는 기쁨과 헤어지는 아픔을 생각했다. 그리고 그 물줄기를 한참 동안 바라보았다. 그런데 강물은 서로 갈라져 헤어지면서 서운함도 망설임도 없이 뒤도 돌아보지 않고 끼리끼리 속삭이며 흘러가고 있었다.

　　두 줄기 강물
　　두고 간 세월을
　　어찌 알랴 마는

　　흔들어 준 내 손 보지도 않고
　　저들끼리 재잘 재잘
　　흘러가네
　　떠나가네

　　헤어짐이 저리도 쉬운 것인가?
　　서운함도 망설임도 떨쳐버리고
　　그리움도 아픔도 잊어버린 듯
　　유유히 흘러갈 수 있는 것인가?

　미래학자 엘빈 토플러(Alvin Toffler)는 『제3의 물결』에서 현대에 사는 사람들은 제1의 물결과 제2의 물결 그리고 제3의 물결의 소용돌이에서 얽히고설키며 흘러가고 있다고 했다. 나는 어린 시절 제1의 물결에 휩쓸려 흘러다니다 지금은 제2의 물결과 제3의 물결의 소용돌이를 흘러가고 있다. 지금 저 섬진강 물이 태평양이라는 거대한 바다에 도달할 때쯤이면 나는 어디로 흘러가고 있을까? 이런저런 생각을 하고 있는데 강물은 주변의 나무들과 태양과 바람과 섞이면서 영롱한 빛으로 반짝거리며 유유히 흘러가고 있었다.

둘째 날 밤 마당에 걸어 놓은 가마솥에서 새어 나온 밥 냄새가 솥뚜껑 밑으로 솔솔 퍼지니 내 어린 시절 여름밤이 생각난다. 주인아저씨가 어젯밤 그물을 놓아 잡아왔다는 섬진강 물고기로 끓인 매운탕 냄새는 나에게 행복한 기대를 갖게 한다.

밤중에 강가로 나가 강을 따라 걸어가는데 강물이 내게 말을 걸어온다. 강물에 잠긴 구름과 달이 나를 따라오고 있다. 강물 깊숙이 잠긴 달이 바람에 흔들리니 내 마음도 흔들려 이런저런 추억들이 내 옆에 나무들처럼 서 있는 듯하다. 그 추억 속에 강물이 흐르고, 그 추억 속에 바람이 불고 자고, 그 추억 속에 달이 뜨고 기운다.

나에게 아름다운 추억을 준 사람들, 쓸쓸한 추억을 준 사람들, 여자 친구들 앞에서 남북뒤통수라고 놀리던 초등학교 친구들, 나를 격려해 주시던 선생님, 초등학교 졸업 후 어느 해인가 분수도 모르고 쌀 한 가마니를 자전거 뒤에 싣고 가다 넘어져 고생했던 일, 그때 길 가다 나를 도와주었던 아저씨는 지금쯤 어디에서 무엇을 하고 계실까? 등록금 낼 때만 되면 마음이 침울했던 날들, 사랑으로 아픔으로 방황했던 시절, 그 시절의 추억들이 이 밤 향수로 물결져 온다.

아름다운 추억, 아픈 추억, 고뇌하고 방황했던 일들도 지금 여기에는 없다. 세상에는 영원한 것은 없는 것 같다. 모두가 강물처럼 흘러가고 없다. 꿈도 아픔도 사랑도 추억도 모두 흘러가고 없다. 모든 것은 흐르는 것이다. 오늘 밤도 흘러간다.

강물과 바람

강물이 흐른다
강물 속에는 파란 하늘이 펼쳐지고
별들이 흐르고
그 가운데 달이 떠오른다

그리고
반짝이는 별들 사이로
그리움의 물결이 일고
바람은 그 물결을 지우려 한다

강물 속에 어른거리는 추억의 별들
강물 따라 흘러가는 그리움의 물결
숲으로 강으로 갈대밭으로
흘러가네
떠나가네
이 밤 나를 강가에 두고

도깨비
심장

 심심산골 오두막에 한 노인이 살고 있었다. 노인은 밭을 갈아 거기서 나오는 감자와 옥수수를 먹고 살았다. 노인이 사는 산골은 아름다웠다. 봄이 오면 맑은 시냇물이 흐르고 이름 모를 꽃들이 여기저기 피고 우거진 숲은 새들의 낙원이었다. 노인은 비록 가진 것은 없으나 성품이 낙천적이어서 산골생활이 즐겁고 행복했다.

 하루는 도깨비가 나타났다. "당신은 가진 것도 별것 없는데 무엇 때문에 그처럼 즐겁게 살 수 있소?" 하고 물었다. 노인은 "나는 가난하지만 한 가지 가진 것이 있다." 도깨비가 물었다. "그게 뭐란 말이요?" 노인은 가슴에 손을 대며 '따뜻한 심장'이라고 대답했다. 자신의 처지에 항상 불만을 품고 살던 도깨비는 그 따뜻한 심장이 탐이 났다. 도깨비는 노인에게 많은 재물을 주고 노인의 심장과 자기의 심장을 바꾸었다. 그래서 가난하게 살던 노인은 오막살이 대신 고대광실이 생기고 하인들이 차려준 밥상에는 옥수수나 감자 대신 진수성찬이 올라왔다.

벼락부자가 된 것이다.

그런데 웬일인지 그날부터 노인에게는 기쁨도 행복도 사라졌다. 뻐꾸기 울음소리도 들리지 않고 꽃도 아름답게 보이지 않았다. 시냇물소리도 짜증스럽게 들렸다. 노인은 이 모든 현상이 자기의 따뜻한 심장이 없어져서 생긴 것을 깨닫고 도깨비에게 받았던 재물을 모두 돌려주고 자기의 심장을 도로 찾았다. 그래서 거대한 집이나 재물은 일시에 없어졌으나 옛날처럼 행복한 생활이 다시 노인에게 돌아왔다. 이 '돌심장' 이야기는 내가 대학 1학년 때 철학 선생님으로부터 감명 깊게 들었던 이야기이다.

지난날을 돌아보니 나도 한때 '돌심장'을 가슴에 품었던 오막살이 노인처럼 돌심장을 부러워하며 살아온 것 같다. 따뜻한 심장은 세상 도깨비에게 빼앗기고 자연의 신비함도 이웃을 배려하는 마음도 모두 뒤로하고 무엇인가 붙잡기 위해 줄달음을 쳤던 것 같다. 내 과거는 옆을 바라볼 여유가 없었다. 진솔히 말하면 먹기 위해서, 낙오되지 않기 위해서 세상 물결에 떠밀리기도 하고 거슬리기도 하면서 정신없이 살았다. 그러다 보니 새소리, 물소리, 바람 소리는 들리지 않았고 오직 세속의 냄새에 취해 살아온 것이다.

나이 탓이리라. 이제 도깨비 심장은 도깨비에게 돌려주고 내 심장을 찾고 싶다. 내 등에 매어져 있는 모든 짐을 내려놓고 싶다. 강과 산을 찾아 자연의 아름다움에 동화되어보고 싶다. 숲에서 사는 새들도 만나보고, 길가에 핀 순박한 작은 꽃들은 누구를 유혹하기 위해 향기를 풍기고 있는지도 알아보고 싶다.

어느 해 봄 나는 여행길에 풀밭에 앉아 쉬면서 꽃을 보았다. 꽃들은 벌, 나비들을 초청하여 향기로 꿀로 잔치를 벌이고 있었다. 꽃들의 향연이었다. 벌 나비의 향연이었다.

암술 꽃님

무지개색 분을 바르고
수줍은 향기를 풍기면서
누구를 기다리는가?
암술 꽃님

바람이 가자 해도
구름이 유혹해도
고개를 살래살래
나비 등 타고 오는
수술 꽃님 기다리는가?

지난여름 나는 이름도 아름다운 남해 바다의 섬 '청산도' 뱃길에 올랐다. 바닷바람을 온몸으로 안으며 뱃전에 부서지는 파도 소리를 느끼며 바다 위를 미끄러져 가는 기분은 너무 시원

했다. 아름다운 남해에 여기저기 흩어져 있는 섬들, 가까이 가 보면 우거진 푸른 숲, 웅장하고 오묘한 바위들 그 바위에 부서 지는 파도, 그 물보라에 나타난 무지개, 이 모두가 신비하고 아름다운 자연의 선물이다. 나는 그 순간 카리브 해의 하늘빛 바다를 연상하며 시원하고 상쾌한 남해 바다의 광경에 취하고 있었다. 그리고 저 건너 푸른 섬에 '오막살이 노인'이 살고 있는 듯한 황홀한 착각에 빠져들었다.

다음 날 아침 내 발길은 어느새 섬 모퉁이 바닷가에 닿아 있 었다. 떠오르는 태양을 품은 바다는 안개와 햇빛과 푸른 수평 선과 섞이면서 영롱한 빛깔로 반짝이고, 파도는 조용히 밀려와 서 부서지고 나는 그 소리를 듣고 있으니 김석봉 님의 시가 떠 올랐다.

아침 바다

부풀어 밀려오는
저 은빛 파도에
밀려오고 또 밀려오는
파도 소리에

지구가 돌고
세상이 돌고

세월이 돈다
밀려와서 부서지고
밀려오면서 또 부서지고

무슨 말이
그렇게도 하고 싶은가
무슨 사연이
그렇게도 많은가

문득 파도가 남겨 놓은 여울이
길게
내 마음을 적셔온다

그리고
갯벌에 남겨진
많은 조개껍질들
못다 한 가슴이
남긴 이야기들

오늘 아침
은빛 바다에 손님이 되어
오래된 파도 이야기를 듣는다

하느님은 대 화가이시다. 자연 속에 여기저기 황홀한 절경들을 그려 놓으셨다. 초현실적인 듯한 차원이 다른 풍경이 수평선 바다 위에 연속적으로 펼쳐지고 있었다. 아! 아름다운 자연을 창조하신 대 예술가이신 하느님! 순간 나는 모자를 벗었다. 당신을 경외합니다.

잃어버린
나를 찾아

몸과 마음이 시름하여
떠난 여행길
천천히 흘러가는 구름을 보고
바람에 흔들리는 갈대도 보고
길가에 핀 패랭이꽃도 보네

그러다가
잔디에 누워 눈을 감으면
그때 그 풍경이 그려지네

둘이서 누웠던 진달래 언덕
솔밭 사이로 뻐꾸기 울음에 놀란 진달래꽃들이
우리 두 얼굴로 살며시 뚝뚝 떨어지던 그 풍경이
지금 내 얼굴로 떨어지네

"도시의 차량, 떠들썩한 세상 한가운데서 마음속으로 헛헛해지거나 근심에 잠길 때 냇가에 나무나 호숫가에 수선화, 길게 늘어선 시골의 숲길은 '노여움과 천박한 욕망'들을 무디게 할 수 있다"는 알랭 드 보통(Alain de Botton)의 말처럼 여행은 삶의 무료함에서 벗어나 마음을 쉬게 하는 시간일 것 같다.

꿈도 있고 좀 팔팔할 때 나는 내가 여행을 참으로 좋아하는 사람이라고 생각했었다. 그러나 이런저런 핑계 때문에 여행은 늘 마음속에서 맴도는 동그라미였다. 그런데 어느 날 생각해보니 나는 여행을 썩 좋아하는 사람이 아니라는 것을 알았다. 나는 특별한 볼일이 없으면 집에 처박혀 꿈틀대는 방안퉁수와 같아서 돌아다니기를 좋아하는 성품이 아니다. 그러니 지금까지의 대부분의 내 여행은 일부러 여행 스케줄을 잡아 여행하는 경우는 거의 없었고 볼 일이 있어 지방에 갈 때 짬을 내서 그 근처의 명승지를 돌아보는 여행을 덤으로 한 것이다. 해남 대흥사도 그렇게 구경했고, 설악산도 학교에서 한 학기가 끝나면서 가졌던 퇴수회(退授會) 덕분에 구경했고, 속리산도 세미나 참석차 구경했던 곳이다.

세월의 흐름 때문인지 마음이 헛헛해서인지 요즘 나는 여행이란 단어에 한껏 정이 느껴진다. 더 늙기 전에 이 정을 가슴에 품어보려고 한다. 나의 이 정의 여행길은 인위적인 냄새 보다 자연의 풍경에서 풍겨 나는 고향 같은 향수를 느낄 수 있는 곳이 더 정겨울 것 같다. 어린 시절 친구들과 놀다가 집으로 가는 길 밤하늘에 떠 있는 수많은 별들을 보고 걸었던 그런 밤도 만나면 좋을 것 같고, 코스모스 언덕 참외밭 원두막도 보고 싶고, 잔잔한 바다도 출렁거리는 바다도 보고 싶다. 아무 곳이나 구름처럼 흘러가다 보면 하늘도, 숲도, 강도, 새도, 꽃도, 있겠지. 운 좋게 선현들의 숨결이 풍기는 명승지라도 만나면 감사할 것이고….

"인자는 산을 좋아하고 지자는 바다를 좋아한다"고 공자는 말했지만 나는 산도 좋고 바다도 좋다. 산은 계절에 따라 갈아입는 색색의 옷을 볼 수 있어 좋고, 바다는 출렁이는 파도를 볼 수 있어 좋다.

겨울 바다는 성에처럼 싸늘하여 짠한 추억을 일깨워 주기도 하지만, 여름 바다는 사춘기 소년의 마음처럼 들뜨게 하고 출렁이게 한다. 나의 마음도 어떤 때는 출렁이는 바다 같기도 하고, 어떤 때는 고요한 바다 같기도 하다. 바다는 바람이 싫어 출렁이는 것 같기도 하고 자신의 정체를 드러내기 위해 출렁이는 것 같기도 하다. 그러나 바다는 잔잔하기 위해 출렁인다. 바다의 본성은 출렁거림이 아니고 잔잔함이기 때문이다.

바람은 잔잔한 바다를 출렁이게도 하고 성나게도 한다. 출렁이는 바다는 사람의 마음을 출렁거리게 하고 들뜨게도 한다. 그럴 때 마음은 몸을 달래 바람처럼 어디론가 떠나게 한다. 그것이 여행이다. 여행은 출렁이는 감정에 위안을 주는 술잔 같기도 하고, 텅 비워버린 술병 같기도 하고, 출렁이다 잔잔해진 바다 같기도 하다.

　여행은 떠나는 것이리라. '잃어버린 나를 찾아 떠나는 여행', 여행은 자기 자신에게로 떠나는 것이다. 여행은 사람을 만나고, 산을 만나고, 강을 만나고, 바람과 구름과 하늘을 만나지만 결국 자연 속에서 자기 자신과 만나는 것이리라. 여행은 자연과 자아와의 만남에서 진정한 자신을 찾는 시간인 것이다. 신의 음성을 들을 수 있는 영혼과의 만남인 것이리라.

　헤밍웨이는 마음이 심란할 때 낚시를 하거나 사냥을 하거나 여행을 했다. 그러다가 자신의 본연인 고독으로 돌아왔을 때 비로소 글을 썼다고 한다. 그는 마음이 안정되지 않을 때는 많은 시간을 방황하며 보냈다. 2년 동안이나 원고지 한 장도 메우지 못하여 부인에게 쫓겨나기까지 했다는 일화가 있다. 나를 이 위대한 작가에 비교하는 것은 아니지만 방안퉁수인 나도 비슷한 버릇이 조금은 있는 것 같다.

　나는 마음이 심란할 때는 파도에 성에가 부서지는 소리를 듣고 싶기도 하고, 아무렇게나 불어대는 바람 앞에 버텨보고 싶기도 하고, 잔잔하기 위해 출렁이는 바다처럼 춤추고 싶기도 하다. 이러한 내 마음을 안아줄 어머니 품 같은 자연, 나는 그 자연 속에서 내 영혼의 소리를 듣기 위해 여행을 한다. 잔잔하기 위해 출렁이는 바다처럼.

바 람

출렁이는 바다
잔잔한 바다
출렁거리지 않는 바다는 바람을 부르고
출렁거리면 다시 잔잔해지고 싶어 출렁거리는 바다
출렁거리기 위해 고요함을 노래하는 바다는
바람의 친구라네

들뜬 마음을 노래하며
출렁거리는 여름바다
밀려와서 얼어버린 파도 소리에
성에가 부서지는 겨울바다

밀물 되어 밀려왔다
썰물 되어 밀려가는 그리움이
지평선으로 밀려가면
출렁거리는 바다는
바람이라네

사람의 마음은 고요한 바다처럼 잔잔하기도 하고 때론 파도처럼 출렁이기도 한다. 영원부터 떠오르는 태양은 어제와 오늘 그 색이 다를까? 아마 그럴 것이다. 그리고 내일의 하늘은 더 달라질 것이다. 바람과 구름이 오늘의 그것과 다를 것이기 때문이다. 그래서 내일은 새롭다. 시름시름 아파오는 날엔 태양의 색을 보아야 한다. 어디선가 몸과 마음을 흔드는 소리가 나거든 바람과 구름의 소리를 들어야 한다. 물이 한곳에 머물러 있지 않고 흐르듯이 자연의 냄새를 맡으러 길을 떠나는 것이다. 잃어버린 나를 찾는 시간을 위해, 내 영혼이 신의 음성을 듣는 시간을 위해.

처녀 입술
동백꽃

"여행은 가슴이 떨릴 때 해야 한다"고 한다. 나이가 들어 다리가 떨리면 여행을 할 수 없다는 말일 게다. 나이가 든 나 같은 사람을 두고 나온 말 같다. 그러나 나이 들어서도 여행은 해야 한다. 나는 지난봄 조카와 함께 그가 사는 곳에서 그리 멀지 않는 남창리 동백꽃 군락지를 찾게 되었다. 동백꽃 군락지는 바다 해변과 연결되어 있었다.

나는 몇 해 전 남해의 '동백 아가씨' 동백꽃 섬을 찾은 적이 있다. 그런데 그 유명한 동백 숲에 동백꽃이 왜 그리 빛바랜 꽃이 되었는지 실망스러웠다. 지금은 어떤지 모르지만.

남창리 동백 숲은 나를 경탄케 한다. 진 푸른 숲에 핀 빨간 동백꽃, 장관이다. '소쩍새가 토해낸 핏빛이다. 선혈이 낭자한 통곡이다.' 이런 숲에 날렵하게 꼬리를 움직이는 새 두 마리는 나무를 쪼아 대는지 꽃을 따 먹는지 따다닥 따다닥 소리를 내다가 나를 보더니 훌쩍 날아 가버린다. 신선한 숲은 신선들이 놀던 곳 같다. 아니 내가 신선이 된다. 이런 날 처녀, 총각이 이 숲에 온다면 무슨 일이 벌어질 것만 같다.

동백꽃

겨울 한복판에
흰 눈을 머리에 이고
갯바람 타고 와서 핀
빨간 동백꽃
임을 기다려 피었는가!
곱디고운 처녀 입술

정말
붉게 피었다가
뚝 뚝 떨어지는 처녀 눈물 같은 동백꽃
이런 날
처녀 총각이 찾아온다면
꼭
무슨 일이 생길 것만 같네
남창리 동백 숲

태곳적부터 동백 숲과 함께 파도쳐 온 남창리 바다에는 애
기 주먹만 한 동글납작 검은 돌들이 바닷가 모래사장을 대신

해서 출렁거리는 파도에 밀려 솨 솨 소리 내며 울고 있다. 저 돌들도 처음에는 세모꼴, 네모꼴, 다섯모꼴이었을 것이다. 그런 돌들이 파도에 밀려 서로가 부딪치고 또 부딪쳐 동글동글 예쁜 돌들이 되었을 것이다. 그러나 이 예쁜 돌들은 부서지는 아픈 세월이 있었으리라.

이른 봄에 피고 지는 남창리 동백꽃, 수줍은 처녀들 볼처럼 붉게 피었다 떨어지는 동백꽃, 그 숲 사이로 하염없이 밀려오는 파도는 동글납작한 조약돌에 부딪혀 잔잔히 철썩철썩 부서지는데…

서로 다른 성격 때문에 만나면 티격태격하는 처녀, 총각이 이 바닷가를 찾아온다면 서로의 모난 성격은 동글동글 조약돌처럼 다듬어지고 동백꽃처럼 곱고 빨갛게 다시 피어날 것만 같다.

조약돌

모나 보이지 않는 사람은
친구가 되고 싶고
동글 동글한 조약돌은
주머니 속에 넣어
곱게 잠재우고 싶다

그러나

둥글다는 건 부서짐이다

사람은 세파에 밀려 두루 몽실

조약돌은 풍랑 파도에 부딪혀 둥글 둥글

그 아픈 세월 속에 모서리는 지워지네

부서져라

모난 돌들이어

세상 파도여

조약돌 밭에 와서 부서져라

둥글 납작 예쁘게

예쁘게!

　나는 바다를 좋아한다. 끝없는 바다 지평선으로 밀려가는 내 자유로운 가슴, 그 지평선을 타고 출렁거리며 밀려오는 파도, 아픔도 미움도 그 파도에 모두 부서져 어떤 짐에서 벗어나는 자유! 나는 그런 바다를 좋아한다. 오늘 남창리 바다 수평선 파도에 밀려오고 밀려가는 내 그리움의 파도, 나는 그 파도를 사랑한다.

시간은 혼자
제 갈 길을 가고

또 한 해가 가는구나.

세월이 빠른 것인가? 인생이 유한한 것인가? 신은 왜 산에 서 있는 나무보다도 하늘을 나는 학보다도 인간의 수명을 짧게 지어주었을까? 좀 더 길게 지어주었더라면 시간의 흐름은 그다지 애석하지 않을 터인데….

황진이는 흐르는 세월의 무상함을 이렇게 읊었다.

"산은 옛 산이로되 물은 옛 물이 아니로다.

주야에 흐르니 옛 물이 있을쏘냐.

인걸도 물과 같구나. 가고 아니 오노매라."

- 황진이, '산은 옛 산이로되' -

친구 아들이 결혼을 한다고 해서 제3 한강교를 지나가다가 한강 물을 바라보면서 나는 문득 한강 나룻배 사공 생각이 떠올랐다. 시간이 많이 흐른 이야기다. 제3 한강교가 놓여지지 않았을 때 지금의 강남땅(당시 시골)에서 살던 사람들은 서울을 나들이하기 위해 한강 나룻배를 이용했다. 그런데 제3 한강교가 건설되면서 사람들은 나룻배를 이용하지 않고 자동차를 타고 서울을 쉽게 오가게 되었다. 그러나 노를 저으며 한강 물과 한평생을 함께했던 그때 한 노(老) 뱃사공은 하루아침에 일터를 잃고 말았다. 그래서 당시 현대건설 정주영 회장님께서 일금 백만 원이 든 봉투를 백발이 성성한 그 노 사공에게 건넸다는 기사가 어느 조간신문에 사진과 함께 실렸었다.

한평생을 노를 저으며 흘러오는 물을 맞이하고 흘러가는 물을 흘려보내야 했던 노 뱃사공은 그 돈을 받고 마음이 어떠했을까? 그 한강 물이 오늘도 위쪽에서 흘러와서 아래쪽으로 흘러간다. 위쪽 물은 흘러와 현재가 되었고 그 물은 어느새 현재를 거쳐 과거로 흘러가고 있다. 앞으로 한강에는 어떤 물이 흘러올까?

오늘의 시간이 흘러간다.

현재는 과거로 흘러가고 미래는 현재로 흘러들어 온다. 그러면서 세상은 변화한다. 있던 것들이 없어지고, 없던 것들이 생겨난다. 그러나 새로 생겨난 것들도 언젠가는 없어질 것이다. 그러나 사라지는 것은 흔적을 남긴다. 그 흔적을 통해서 과거는 현재로 들어온다. 과거로 인해 현재는 풍요로워지기도 하고 황폐해지기도 한다. 그리고 새로운 미래도 과거와 현재를 통해 만들어진다.

또 한 해가 가는구나.

모든 것은 시간과 연결되어 있는 것 같다. 행복을 꿈꾸었던 과거와 미래가 연결된 이 시점에서 나의 흔적들은 무엇이었을까?

내가 가고자 했던 그 길, 그 길만이 나의 모든 것처럼 느껴지던 시절, 그러나 그 길이 내 길이 아니었을 때 느꼈던 허무, 절망 그것은 또 무엇이었을까? 갈등하고 방황하고 비틀거리고 넘어지고 다시 절망하고… 아 인생은 이런 것인가? 여기를 둘러보아도 저기를 둘러보아도 사방이 막힌 벽이었다. 그러나 절망은 죽음에 이르는 병은 아니었는지 절망의 끝에서 어떤 소리가 들려왔다. "하늘을 향해 사닥다리를 놓아라" 순간 나는 영국의 등산가 말로리(George Mallory)의 "It is there"이란 말이 떠올랐다. 그리고 해탈의 기원 불교성지 '포탈리궁'과 '조캉사원'을 향해 삼보일배 고행길을 떠나는 티베트 차마고도 순례자들의 모습이 떠올랐다. 그들은 왜 그 힘든 고행길을 떠날까? 그들은 모두 '그것이 거기에 있기 때문'일 것이다. 그들은 그 고행길이 철학이요, 신앙이요, 삶이기 때문일 것이다.

내 과거의 삶을 돌아보면 어머니가 길쌈하시던 베틀이 생각난다. 그 베틀에 앉으면 내 삶의 아픔과 감사가 교차된 북소리가 들린다. 그 베틀에서 내 인생의 베 한 필이 짜여졌다. 이 베한 필의 천에는 나에게 위안을 주는 무늬도 있지만 나를 아프게 하는 무늬도 있다. 그러나 어찌하랴, 그 무늬도 내 인생 한필 속의 얼룩인 것을. 그러나 지금이라도 그 무늬들을 지울 수만 있다면 지워버리고 싶다. 손바닥, 발바닥으로 문질러 지워버릴 수만 있다면… 그러나 그럴 수 없는 것이 흔적인 것 같다.

나는 물어본다. 이 흔적들은 내가 선택한 길을 걸어오면서 생긴 것일까? 아니면 이미 정해진 길을 걸어오면서 생긴 것일까? 어쩌면 내 인생은 내가 선택한 '자유의 길'이었다고 하기보다 어떤 힘의 발부리에 채여 밀려서 여기까지 온 느낌이 있다. 사람들은 이런 것을 운명이라고 할지 모른다. 그러나 나는 은혜라고 믿고 싶다.

나의 소년 시절, 교수 상은 하늘의 별이었다. 서른여섯에 그 별을 따고 30여 성상을 파릇파릇한 젊음들과 함께 '주는 기쁨 받는 기쁨'을 누리며 지냈다. 지금 생각하면 모든 것이 신기하고 아름답고 사랑스럽고 고맙다.

내 인생의 베 한 필 속에 수놓아진 흔적들, 빛과 그림자 그것들은 아픈 것도 후회스러운 것도 모두 나를 나 되게 한 과정에서 있어야 했던 의미 있는 것이었으리라. 그리고 오늘의 나를 있게 한 것이라고 믿는다.

내 베틀의 북소리는 오늘도 들려온다. 때로는 음악처럼, 때로는 바람 소리처럼 들려온다. 그러나 나는 이 북소리를 들으면서 보이지 않는 은혜에 감사한다. 내 인생이라는 베 한 필의 북이 잘 철썩거릴 때만이 아니라 북의 실타래가 엉켜서 쩔쩔맬 때도 내 손목을 꼭 붙잡아 준 은혜의 손이 있었다는 것을 알고 있기 때문이다. 나는 이 은혜에 힘입어 한 인간으로 여기

이렇게 있다. 바울은 이렇게 고백했다. "내가 나 된 것은 오직 하느님의 은혜이다" 나는 바울의 고백을 사랑한다.

해가 뜬다

해가 뜬다
해 그림자에 시공의 바퀴가 돌고 돈다
오늘 그 해가 또 떠오른다

어제는 지나간 오늘
내일은 기대의 오늘
영겁회기의 수레바퀴

오늘의 씨줄에
내일의 날줄 북을 넣고
철석 철석 베틀 노래를 부으면
베 한 필이 짜여진다

시간은 저 혼자 제 갈 길을 가고
나의 기쁨과 아픔의 세월
씨줄과 날줄의 북소리는
오늘도 철석 거리며 들려온다

해가 그리는 포물선의 끝자락

황혼에 비친 내 영혼

하늘을 우러러 감사하며

오늘도

당신의 숲을 걷고 있습니다

일과
취미

'돈을 주면 일을 한다' 이것이 직업이다. 그러나 '돈을 쓰면 즐겁다' 이것은 취미이다. 직업은 돈을 벌지만 힘이 들고, 취미는 돈을 쓰지만 즐거움을 준다. 직업이 취미처럼 재미가 있으면 얼마나 좋을까? 미국의 철학자 조지 산타야나(George Santayana)는 이렇게 말했다. "마지못해 하는 일은 고역이지만 재미있게 하는 일은 놀이하는 것처럼 즐거울 것이다" 과연 그럴까?

새 학기가 되니 학교 연구동 화단에 수선화가 바람에 한들거리고 있다. 나는 동료의 연구실을 찾았다. 그는 책을 읽고 있었다. 내가 무슨 책을 그렇게 열심히 보느냐고 물었더니 그는 강의에 필요한 자료라고 하면서 소설책을 보여준다. "자네는 소설을 읽고 월급을 받으니 팔자치곤 상팔자군" 하고 농을 했더니, 그 친구의 말 "나야 그렇다 치고 자네는 좋아하는 일 하고 월급 받고 클라이언트를 도와주니 일석삼조가 아닌가?" 하며 역공을 편다. 딴엔 그 말도 틀린 말은 아니다. 내가 사회사업가이니 말이다.

그러나 직업이란 것이 남의 눈에 비치듯 그렇게 즐겁기만 할까? 일이란 즐거움으로 하기보다 의무로 하는 경우가 많고, 의무는 늘 스트레스를 주기 마련이어서, 사람들은 스트레스를 풀기 위해 자기가 좋아하는 운동, 여행, 봉사, 예술 등 취미활동을 한다.

나는 우연한 기회에 테니스를 하게 되어 지금은 테니스가 취미가 되었다. 내가 아는 한 교수는 유도가 전공이다. 그런데 요즘 그는 자신의 전공인 유도는 의무로 하고 취미로 테니스와 골프를 한다. 유도는 돈을 벌기 위해서 하고 테니스와 골프는 돈을 쓰기 위해 한 셈이다. 내 직업도 다른 사람의 눈에는 '일석삼조'로 보일지 모르지만 실은 의무감 때문에 스트레스를 받는 경우가 많다.

한 개그맨은 학생 시절에 개그 동아리에서 취미로 활동했는데, 졸업 후 그 취미가 자신의 직업이 되었다. 그런데 그 취미활동이 정작 직업이 되고 나니 스트레스를 받게 된다고 한다. 그래서 그는 스트레스 때문에 늘 술을 마신다. 아마 그는 술이 취미가 될지 모른다.

이렇게 보면 그가 비록 소설을 읽고 월급을 받을지라도, 청중의 박수갈채를 받는 연예인이라 할지라도, 그것이 직업일 경우에는 심리적 강박감이나 스트레스를 받게 마련인가 보다. 그래서 직업인은 스트레스를 푸는 방법으로 자기의 직업과 다른 취미활동을 찾게 되는 것 같다.

스트레스를 풀지 못하면 어떤 일이 벌어질까?

아마 그는 술을 마시거나 폭식을 하게 될 것이다. 그것도 못하면 그의 욕구는 난폭한 행동, 도박, 바람피우기 등 다른 방향으로 분출될 것이다. 그것도 할 수 없으면 그는 우울증에 빠질 것이다. 우울증은 절망을 부르고 절망하게 되면 죽음에 이르는 병에 걸릴 수 있다. 우울증에서 벗어나지 못하여 유명을 달리하는 연예인을 우리는 종종 매스컴에서 보지 않는가!

왜 이런 일이 생길까?

취미는 자기만 즐기고 만족하면 되지만, 직업은 남을 즐겁게 해주고 만족시켜야 하기 때문이다. 그래서 돈을 쓰는 취미생활은 즐겁지만, 돈을 버는 직업은 힘이 들고 고통이 따른다. 아마추어는 즐겁지만 돈을 벌지 못하고, 프로는 돈을 벌지만 스트레스를 받는 이유가 여기에 있을 것이다.

우리는 인간의 가치나 품격을 직업과 동일시하는 경향이 있다. 그 이유는 직업이 삶을 영위하는 수단이 되지만 많은 경우 '자아실현'의 장이 되기도 하기 때문이다. "나는 세상에 불후의 명작을 남길 수 있다면 오늘 죽어도 여한이 없다"는 한 화가의 말이 생각난다. 그 화가는 자신의 작품 속에서 자기 삶의 의미를 찾으려고 한 것 같다. 자신의 예술을 통해 '자아실현'을 생각한 것이다. 그러나 직업을 통한 자아실현을 이루기란 그렇게 쉬운 일이 아니다. 왜냐하면 직업을 통한 자아실현이란 자기의 작품이 다른 사람에게 감명을 주고 세상에서 인정을 받아야 할 뿐만 아니라 자신도 만족해야 하기 때문이다.

우리는 자아실현을 이룬 작가들의 작품에서 감동을 받고 아름다움을 느끼고 위로를 받는다. 좋은 그림에서, 음악에서, 그리고 글에서. 나는 고흐의 그림을 보면서 그의 고뇌하는 영혼을 상상하고, 사라사테의 '치고이네르바이젠'을 들으면서 집시가 되어 낭만적 여행을 떠난다. 그리고 괴테(J.W.Goethe)의 『젊은 베르테르의 슬픔』을 읽으면서 사랑의 아픔과 아름다움을 느낀다. 왜 이 작품들이 우리를 위로할까? 그들의 고뇌하는 영혼이 우리의 영혼을 흔들기 때문이리라.

우리 모두는 생의 어느 지점에서 한 사회인으로서 몸과 마음을 바쳐 일해온 직업과 연계하여 자신을 돌아보게 된다. 지난날의 자신의 노력과 성취에 대해서 반성하는 시기가 온다는 말이다. 호수에 비친 자신의 얼굴을 하염없이 들여다보다가 그만 한 송이 수선화가 된 나르시스(Narcissus)처럼. '나는 나의 직업에 몰입했을까? 사랑했을까? 그리고 만족했을까?' 조용히 눈을 감고 '그렇다'라고 생각된다면 그 인생은 '성공했다'라고 자위해도 좋으리라. 그러나 '그렇지 못하다'면 그 인생은 얼마나 아프고 슬픈 인생인가? 누구에게나 직업은 이렇게 엄숙하고 중요한 의미를 지니는 것이다.

나는 가끔 나르시스가 그랬던 것처럼 내 호수에 어리는 내 얼굴을 들여다본다. 그리고 나 자신에게 묻는다. "당신의 얼굴은 나르시스가 도취했던 그런 행복한 얼굴입니까?" 그 대답은

'YES & NO'이다. 내 한쪽은 행복한 모습으로도 나타나지만 다른 한쪽 얼굴은 어둡고 그늘진 모습으로 나타나기 때문이다. 왜 나는 행복한 얼굴보다 그늘진 얼굴이 더 자주 떠오를까? 나는 이 그늘진 내 얼굴이 싫을 때가 있다. 그러나 어찌하겠는가 이 얼굴도 내 얼굴인 것을.

내 지난날의 거울에 비친 그늘진 얼굴과 환한 얼굴, 두 얼굴에 어리는 빛과 그림자, 아픔이고 고뇌였다. 그러나 그것들은 나를 나 되게 한 과정에서 있어야 했던 의미 있는 아픔이고 고뇌였으리라.

무지개

하늘에 떠 있는 무지개
황홀한 무지개
내 가슴에 떠오른 무지개
지나간 세월은 무지개색이었네
방황도 아픔도 그리움도…

그러나 알지 못했네
아름답다는 것도
쉽게 사라진다는 것도

깊고 푸른 하늘
하늘에 포물선을 그리는 태양
그 빛 선의 끝자락에 비친
내 얼굴

사랑과 아픔의 날들
무지개색으로 떠나가네
은혜의 구름으로 흘러가네

코스모스와
원두막

신이 세상에서 제일 먼저 만들었다는 하얀, 분홍, 빨강 꽃 코스모스. 순정, 애정, 조화의 꽃바구니를 머리에 이고 하늘에서 내려온 가을의 선녀 코스모스!

코스모스는 청초하고 아름답다. 그런데 바람에 한들거리는 목이 긴 코스모스를 보고 있노라면 청순하고 애수(哀愁)에 젖은 어떤 슬픈 여인의 눈동자가 연상된다.

유대인 화가 아메데오 모딜리아니(Amedeo Modigliani)의 그림 '파란 눈의 여인'이 그렇다. 목이 긴 것이 그렇고 애수에 찬 슬픈 눈빛이 그렇고 누구의 구애에도 고개를 살래살래 저을 것만 같은 꼭 다문 입이 그렇다. 이 그림의 모델은 화가의 아내 잔 에뷔테른(Jeanne Hebuterne)이라고 한다. 두 사람은 그림에서 풍기는 애수처럼 슬픈 사랑을 했다고 전해진다.

두 사람은 아메데오가 학생이던 시절 학교 근처 카페에서 우연히 만났다. 그들은 서로 한눈에 반해 사랑하게 되었다. 그들은 그렇게 사랑했음에도 불구하고 엄격한 보수적인 부모의 반

아메데오 모딜리아니, '파란 눈의 여인'

대 때문에 정식결혼식을 올리지 못하고 신혼살림을 차렸다. 그
들의 사랑은 열렬했고 3년여 동안 화가는 그녀를 모델로 삼아,
청순하고 아름다운 슬픈 여인상을 20여 점이나 그렸다. 그러
나 그는 그녀를 사랑한 지 3년 만에 뇌막염으로 세상을 떠나
고 말았다. 그들의 코스모스처럼 아름다운 사랑은 코스모스
처럼 슬픈 파란 눈의 여인을 남기고 끝을 맺었다.

코스모스는 또 하나의 슬픈 모습을 연상케 한다. '모가지가
길어서 슬픈 짐승이여…' 노천명의 '사슴'은 모가지가 길어서 슬
픈 꽃인 코스모스를 연상케 한다. 나는 코스모스를 이렇게 읊
고 싶다. 목이 긴 청순한 꽃이여 너는 누구를 유혹하려고 하
얀, 분홍, 빨강 분을 바르고 수줍은 모습으로 한들거리고 있느
냐? '관이 향기로운 너는 무척 높은 족속이었나 보다' 하늘을
향해 머리에 씨 관을 이고 한들거리며 서 있는 너는 무척 향기
로운 족속이었나보다. 왜 코스모스와 '푸른 눈의 여인' 그리고
노천명의 '사슴'은 청순한 슬픈 여인상을 연상케 할까?

코스모스는 언제부터인지 모르지만 '가을의 꽃'이었다. 가을
이 오면 시골길 여기저기 청순하게 피어 바람에 한들거리는 가
냘픈 꽃이었다. 그러나 요즘은 넓은 들판에 집단으로 피어 넓
은 꽃물결로 넘실거린다. 가을이 오면 그 넘실거리는 코스모
스 물결을 보기 위해 '코스모스 축제장'을 찾아온 사람들이 또
한 물결을 이룬다.

지난가을, 나도 코스모스 물결에 합류했다. 가을 여행은 동

심으로 돌아가게 했다. 축제장은 아름다운 코스모스 물결로 넘실거리고 있었다. 하늘에는 흰 구름이 천천히 흘러가고, 코스모스 수평선 물결 위로 한가하게 서 있는 원두막이 추억처럼 자리하고 있었다. 마치 코스모스 바다 위에 떠 있는 작은 배처럼. 여행객들이 원두막을 배경으로 사진을 찍고 있었다. 원두막은 나의 소년 시절 친구네 참외밭 원두막을 회상케 했다.

소년은 저녁을 먹고 나서 동네 뒤 들판 길을 자주 걸었다. 길가에는 코스모스가 곱게 피어있었다. 아름다운 저녁노을, 황금물결, 길가의 코스모스. 모두가 소년을 반겨주었지만 그보다 아랫집 친구와 코스모스같이 목이 긴 누나가 지키고 있는 참외밭 원두막이 소년의 발길을 늘 잡아당겼다.

동네에서 좀 외진 곳에 있는 참외밭 원두막은 누나, 동생, 그리고 아버지 세 사람의 작품이라고 했다. 소나기가 쏟아져도 세지 않도록 짚으로 단단히 지붕을 엮고 바닥에는 밀짚자리를 깔았지만 울퉁불퉁했다. "오가며 그 집 앞을 지나노라면 그리워 나도 몰래 발이 머물고…"

원두막에는 모기가 참 많았다. 바람이 없는 밤에는 그놈들은 더 극성을 부렸다. 모기향도 없던 시절 모깃불 피우는 일은 늘 나와 친구 둘이서 맡았다. 모깃불을 피울 때마다 눈물 콧물을 소매 끝으로 훔쳐야 했지만 그 일이 싫지 않았다. 모깃불이 잘 피어오르면 우리는 원두막 안으로 들어가 희미한 등불

밑에서 이야기도 하고 화투놀이도 했다. 지는 사람은 노래를 부르거나 손목을 내놓아야 했다. 가끔 우리가 이길 때면 누나는 손목 대신 밭으로 가서 참외를 따와 같이 먹으며 밤마다 부르던 노래를 부르고 또 불렀다. 견우와 직녀가 은하수를 건너 만난다는 칠월칠석날 이야기는 늘 들어도 지루하지 않았다. 시계가 귀했던 시절 북두칠성 별자리는 우리에게 시간을 가늠케도 했다.

나의 관심사는 노래도 참외도 화투놀이도 아니었다. 물론 북두칠성 시계는 더더욱 아니었던 것 같다. '견우와 직녀 이야기는 왜 그리 애잔하게 들렸을까?', '앞으로의 나의 미래는 어떻게 펼쳐질까?' 이런저런 생각들이 나를 가끔 공상으로 몰아넣을 때도 있었다. 그때는 자유, 사랑, 고뇌, 출세, 돈 이런 것들이 무엇인지 몰랐지만 어떤 막연한 생각들이 나의 마음을 때로 복잡하게 했던 것도 같다.

우리의 이야기는 여름밤의 별처럼 초롱초롱했지만 항상 시간은 너무 빨리 지나갔다. 이렇게 기회만 있으면 찾아갔던 작은 원두막, 그곳에서 나의 사춘기는 코스모스 꽃잎처럼 빨강, 파랑, 분홍으로 물들어 갔다.

코스모스

부르면
파르르 떨며
입가에 붙는 이름
코스모스

하늘이 높고 푸르면
무지개색으로 들판을 물들이고
바람이 떠나자 유혹해도
한들 한들 고개를 저으며
목을 길게 늘이고
하얀 분홍 빨강 색으로
내 가슴을 물들이던
가을의 소녀

오늘은
추억의 구름 속으로 흘러가네
꽃물결 배를 타고
내 가슴을 출렁이게 하네
가을의 소녀
코스모스

사랑, 눈물의 환희

Chapter 2.
사랑, 눈물의 환희

모든 생명에는 향기가 있다. 정(情)이 그 향기이다.

모든 생명은 정의 향기를 먹고 산다. 그것이 사랑이다.

정은 어머니 가슴에서 나온다. 아기를 안고 젖을 주면서 "아가, 아름답고 건강하게 자라서 네 이웃에게 덕을 끼치는 사람이 되어다오"라는 어머니의 '사랑의 염원'에서 정의 싹은 돋아난다. 이 염원에서 우리들의 정의 향기와 색이 결정된다.

정!

세상에 어떤 정이 자식에게 주는 정을 대신할 수 있으랴. 가지고 있는 모든 것을 내어주며 살아온 세월, 때로는 이슬 맺힌 눈물로, 때로는 한 맺힌 아픔으로, 삶이 팍팍해도 오직 자식 얼굴만 바라보면서 사신 어머니 정, 자신의 행복을 자식에게 몽땅 내 주시는 어머니의 삶, 그 정 속에서 자식의 품성이 형성된다.

사랑!

사랑은 갈라진 자기 짝을 찾는 향연이다. 사랑은 아름답지만 두렵고 떨리는 향연이다. 이 향연에 참여하는 영혼은 깨끗해야 한다. 순수한 마음을 지녀야 한다. 그렇지 않으면 사랑의 향연에서 짝을 만날 수 없다.

사랑은 순수한 마음과 마음이 만나 함께 꿈을 꾸고, 함께 걸어가는 순례의 여정이다. 이 여정은 아름답고 흐뭇하고 행복한 향연이지만 동시에 아픔이고 고뇌의 길이기도 하다. 사랑은 참고 기다리는 삶이기 때문이다. 사랑은 아름다운 꽃이지만 그 꽃은 혹독한 겨울을 이겨낸 후에 피는 아픔의 꽃이다.

가을 편지

가을에
코스모스밭에 누우면
하늘엔 흰 구름이 떠가고
내 마음은 그대 향해 코스모스 꽃잎 되어
한들한들 떠나갑니다

가을에
과수원길 걸어가면
주렁주렁 열린 사과
가을 햇빛에 빨갛게 익어가고
그대 향한 내 그리움도
빨갛게 익어갑니다

가을에
펼쳐진 황금 들녘
덜 여문 이삭은 여물어가고
여문 이삭은 고개 숙여 가는 계절
모자를 눌러 쓴 키다리 허수아비
그대 보고픔에
고개 숙인 가을 익어갑니다

사랑의
향연

사랑은 향연(饗宴)이다.

사랑은 자기 짝을 찾는 향연이다. 사랑은 아름답지만 두렵고 떨리는 향연이다. 누가 이 향연에 초대받을 수 있을까? 마음이 순결하고 깨끗한 영혼이다. 그렇지 않으면 이 향연에서 자기의 진정한 짝을 만날 수 없다.

순수한 너와 나, 밤하늘에 반짝이는 수많은 별, 그중에 내 별은 오직 하나, 내가 그 별을 보고 그 별이 나를 볼 때, 별은 내게 의미가 있다.

저렇게 많은 별 중에서
별 하나가 나를 쳐다본다
이렇게 많은 사람 중에서
그 별 하나를 쳐다본다

밤이 깊을수록

별은 밝음 속에 사라지고
나는 어둠 속으로 사라진다

이렇게 정다운
너 하나 나 하나는
어디서 무엇이 되어
다시 만나랴
            - 김광섭, '저녁에' -

나는 남녀 간의 사랑을 생각할 때마다 신에게 묻고 싶은 것이 있다.

신(神)은 왜 인간을 남녀로 구별하여 창조했을까? 그리고 그 수를 반반으로 했을까? 더욱 알 수 없는 신비스러움은 왜 남자는 여자를, 여자는 남자를 그리워하며 평생을 헤매이게 했을까?

그 이유를 플라톤(Platon)의 저서 『향연(Symposium)』에서 들어본다.

인간은 본래 양성(兩性)을 소유한 아주 힘센 거인이었다고 한다. 이 거인은 여성 인자인 아니마(Anima)와 남성 인자 아니무스(Animus)를 동시에 지니고 있었기 때문에 지금의 인간들처럼 남성은 여성을, 여성은 남성을 그리워할 필요가 없는 완전한 존재였다고 한다.

힘이라는 것은 교만을 부른 것인가? 이들이 날로 교만해지더니 결국 돌이킬 수 없는 죄를 범하여 신들의 노여움을 사고 말았다. 거인들은 그 죄의 대가로 남자와 여자로 쪼개어짐을 당해 지금처럼 왜소하고 힘없는 인간의 모습이 되었다는 것이다. 그때부터 원래 한 몸이었다가 갈라진 자기의 반쪽에 대한 그리움이 이른바 '사랑'으로 변하여 남성은 여성을, 여성은 남성을 그리워하게 되었다.

아담의 갈비뼈를 뽑아서 하와를 만들었다는 창세기 기록은 플라톤 신화의 형태는 차이가 있지만 남녀가 한 몸이었다는 점은 동일한 맥락에서 이해될 수 있다. 융(G. Jung)은 이렇게 말했다.

"인간은 양성의 유전인자를 함께 지니고 태어났기 때문에 이성에 대한 무의식적 정신적 이미지도 태어날 때부터 갖고 있다. 인간은 그러한 이미지와 비슷한 이성을 만나 한눈에 반하게 될 때 당신은 바로 그 여자를 만났거나 아니면 최소한 당신 모습과 비슷한 여자를 만났으며 곧 그녀에게 사로잡혀 사랑에 빠지게 된 것이다"

그리움은 마음의 간절함이다. 이것이 사랑이다.

인간이 모든 것을 소유했을지라도 사랑이 없으면 아무 소용이 없다. 사랑 없이 행복할 수가 없기 때문이다. 그래서 인간은 평생 동안 사랑을 찾아 이성을 그리워하는 것이다.

에리히 프롬(Erich From)은 『사랑의 기술』에서 성숙한 사랑은 '나는 그대를 사랑하기 때문에 그대에게 사랑받고, 사랑하기 때문에 그대가 필요하다'라는 것이라고 했다. 그러나 성숙하지 못한 사랑은 '나는 그대에게 사랑받기 때문에 그대를 사랑하고, 그대가 필요하기 때문에 그대를 사랑한다'는 것이라고 한다.

합리적이고 계산이 빠른 현대인들은 사랑할 사람으로 자신이 원하는 조건을 소유한 사람을 찾는다. 그러나 정신분석학자 프로이트는 인간은 근본적으로 감정적 동물이기 때문에 사랑은 합리적으로 선택되는 것이 아니라 감정에 따라 결정되는 것이라고 말했다. 사랑은 조건이 충족되었을지라도 감정이 움직이지 않으면 이루어지지 않는다는 것이다. 그래서 그는 "의무적인 사랑은 그 사람의 의식의 수준에 머물러 있지만, 성숙한 사랑은 무의식에까지 도달해 있다"고 했다.

프로이트의 이론을 빌려 우리는 사랑하는 사람의 애정 정도를 테스트해 볼 수 있다. 만일 당신이 당신 애인의 사랑을 확인하고 싶으면, 어느 날 예고 없이(집에 애인이 없는 시간이 더 좋음) 애인의 집을 방문하여 애인의 방에 들어가 보라. 당신은 그 방에서 그녀의 마음을 확인할 수 있을 것이다. 그녀가 당신을 사랑하고 있다면 당신은 그녀의 방에서 당신의 냄새와 모양과 색이 칠해진 사진이나 책, 노트를 발견하게 될 것이다. 그 노트에 당신의 얼굴이나 이름이 아무렇게나 그려진 낙서들을 발견한다면 그녀는 분명히 당신을 사랑하고 있다는 무의식의 표현이라는 것을 알라.

만일 애인의 방 분위기에서 당신의 냄새의 흔적을 발견할 수 없다면 그녀는 당신을 사랑하고 있지 않거나 조건적인 사랑을 하고 있음이 틀림없다. 왜냐하면 사랑에 눈이 멀어 있을 때는 온통 당신 생각으로 가득 차있어야 하기 때문이다.

사랑에 눈이 멀어 있으면 길을 걸으면서도 책을 읽을 때도 가로수에서 떨어진 단풍잎에서도 애인의 얼굴이 동그랗게 그려진다. '동그라미 그리려다 무심코 그린 얼굴, … 동그랗게, 동그랗게 맴돌다 가는 얼굴' 무의식적으로 사랑하고 있을 때는 그녀의 마음속에는 온통 당신 얼굴만 '동그랗게' 맴돈다.

내 마음은
둥 둥 떠다니는
분홍색 풍선
푸른 하늘에 떠다니다
그대 하늘에
떠다니고 싶은 풍선

내 마음은
바람에 출렁이는
푸른 파도
푸른 바다에 출렁이다
그대 바다에
잔잔해지고 싶은 파도

내 마음은

종달새 언덕에 피는

진달래꽃

봄바람에 휘날리다

그대 품에

안기고 싶은 분홍색 꽃

　무의식에까지 적셔져 있는 사랑이 진실한 사랑이다. 가난해도 마음이 풍요로워지고 주어도 주어도 또 주고 싶은 마음, 그래서 마주 보고만 있어도 말이 필요 없는 관계. 그것이 사랑이다. 누구의 얼굴도 아닌 오직 그 사람의 얼굴만을 바라보면서, 그 사람이 웃으면 함께 웃고, 울면 함께 우는 관계. 이것이 무의식에까지 스며든 사랑이다.

　사랑은 아름답지만 아픔이 있다.

　인간이 신에게 받은 것 가운데 사랑처럼 아름다운 것은 없다. 그러나 사랑처럼 아픈 것도 또 없을 것이다. 사랑은 죽음을 뛰어넘을 만큼 강하지만 삶을 버릴 만큼 아픈 것이기도 하다. 사랑은 나의 모든 것이지만 아무것도 아닐 수 있다. 사랑의 본질은 행복인 동시에 고통이다. 겨울을 이겨내지 않고 아름답게 피는 꽃은 없다. 열매는 꽃잎이 떨어져야 맺히고 비바람과 햇빛을 받아야 붉게 익는다. 노력하지 않고 익어가는 사랑은 없다. 아픔이 사랑 때문이라면 봄을 기다려 피는 꽃의 겨울을 배워야 한다. 고뇌가 없는 인생이 없듯이 아픔이 없는 사랑도 없다.

미움은
사랑 때문이니

베르트하이머(M. Wertheimer)가 독일 베를린대학의 심리학과 과장으로 초빙을 받고 가던 중, 기차 안에서 일어난 일화다. 당시 베를린대학의 심리학과 과장이라면 그 분야의 석학으로 인정받는 터라 그는 조금은 들뜬 여행길에서 차창 밖을 내다보고 있었다. 그러다 기찻길 옆으로 줄지어 늘어선 전신주가 발딱발딱 넘어지는 것을 보게 되었다. 그는 "전신주가 잘도 넘어지는구나" 하고 혼잣말로 중얼거렸다. 그때 앞에 앉아서 신문을 보던 한 노파가 뒤돌아보며 "이보게, 젊은이. 전신주가 넘어지는 것이 아니라 기차가 가고 있네"라고 말했다. 그때 그는 마음속으로 놀랐다. 그리고 그는 그 일로 인해 똑같은 물체일지라도 보는 사람의 각도에 따라 다를 수 있다는 '형태주의 심리학(Gestalt psychology)'의 창시자가 된다.

우리는 똑같은 일을 두고도 서로 생각을 달리하는 경우가 많다. 이러한 생각의 차이는 그 사람의 성격 혹은 가치관에서 연유한다고 볼 수 있지만 그가 처한 위치와 입장에 따라 달라지는 경우가 더 많다.

내가 차를 운전할 때는 느리게 횡단보도를 건너는 사람이 짜증스럽지만, 자신이 보행자가 되면 신호등이 바뀌지도 않았는데 휙하고 지나가는 운전자가 밉살스럽게 느껴진다. '우리나라는 데모 천국'이란 말이 있을 정도로 데모가 많다. 데모가 나면 데모에 가담한 쪽 가족들은 경찰을 원망하는 눈초리로 보고, 경찰을 둔 부모들은 '요즘처럼 어려운 때에 일은 하지 않고 왜 사회를 혼란케 하는 데모만 할까?'라고 생각한다. 생각이 이렇게 서로 다르다.

생각의 차이는 다양성을 가져오는 장점도 있지만, 많은 경우 분쟁과 대립을 낳아 사회혼란을 야기하는 단점도 있다. 지금도 여야도 마찬가지이지만, 이조시대의 노론이나 소론의 생각의 차이로 인한 분쟁이 당시 사회에 긍정적 영향보다 부정적 영향을 끼쳤다는 것을 우리는 잘 알고 있다.

생각의 차이는 바깥세상뿐만 아니라 가정에서도 마찬가지다. 이혼율이 세계에서 두 번째로 높은 우리나라에서 이혼하는 가장 큰 이유가 '성격 차이'라고 하니 그 '차이'라고 하는 것이 왜 그렇게 못된 놈인지 모르겠다.

차이가 무엇일까? 인간은 서로 다른 특징을 가지고 있다는 말이다. 세상에 꼭 같은 사람은 한 사람도 없다. 그 이유는 타고난 DNA, 자라온 환경, 남녀 간의 생리적 특징이 서로 다르게 창조되었기 때문이다.

그런데 그놈의 차이를 서로 인정하지 않아 사랑하는 사람들이 헤어지는 지경까지 가게 되는 것이 이혼이다. 성격은 근본적으로 고칠 수 있는 것이 아니다. 그런데 사람들은 결혼하면 마음속으로 상대의 성격을 자기 입맛에 맞는 성격으로 고치려 한다. "초장에 잡아야지. 그래야 주도권을 잡을 수 있다" 그렇게 마음속으로 다짐한다. 그러나 어느 누가 상대방이 강제로 잡으려고 든다고 호락호락 잡혀줄까? 상대방이 그런 식으로 나오면 이쪽에서는 금방 알아차리고 오기라는 심리가 발동하여 "너나 잘하세요"하고 마음속으로 반항하게 되는 것이 사람의 심리이다. 구부러진 나무를 펼 수 없듯이 성격은 고칠 수 있는 것이 아니다.

사랑은 깊으기 푸른 하늘
맹세는 가볍기 흰 구름 쪽
그 구름 사라진다 서럽지는 않으나
그 하늘 큰 조화 못 믿지는 않으나

- 김영랑, '사랑은 하늘' -

토마스 해리스(Thomas Harris)는 인간의 성격을 4가지 유형으로 나누었다.

나는 옳고 너도 옳다. 나는 옳고 너는 옳지 않다. 너는 옳지만 나는 옳지 않다. 너도 옳지 않고 나도 옳지 않다.

첫 번째 유형은 겸손 형이며, 두 번째는 교만 형, 세 번째는 비굴 형, 네 번째 유형은 자포자기 형이다. 그는 사람마다 이 4가지 유형 어느 한 형에 꼭 들어맞는 것은 아니지만 한두 가지 형이 겹쳐 있는 경우가 많다고 말한다. 그리고 인간관계에서 가장 바람직한 유형은 상대를 인정해주는 '나는 옳고 너도 옳다'는 첫 번째 유형이라고 말한다.

사랑하는 부부가 싸우는 이유가 무엇일까?

그것은 '자존심' 때문일 것이다. 자존심은 자기를 지키려는 심리다. 남편과 아내의 마음속에는 서로 '자신의 자존심을 지키려는 자아와 너를 사랑하는 마음'이 겹쳐진 심리가 도사리고 있다. 부부는 서로 보여주기 싫은 자기만의 지키고 싶은 자아가 있다. 이 자아를 서로 간섭해서는 안 된다. 부부는 서로 마음의 70% 정도만을 나누며 살도록 기대하고 배려해야 한다. 이런 의미에서 '부부 일심동체'란 말은 틀린 말이다. 마음의 모두를 공유할 수도 나누어 줄 수도 없는 것이다.

부부간에 흔히 나타나는 '나는 옳고 너는 아니다'라는 형태의 심리는 엄밀히 말하면 자아방어를 위한 가면이다. 이 가면은 열등의식에서 나온다. 이러한 기제는 무의식적으로 일어나기 때문에 본인은 자신이 가면을 쓰고 있는지 모른다. 그러나 그것은 열등의식을 가장한 가면이다. 열등의식은 언제나 자신의 결점을 상대에게 덮어씌우려는 심리에서 나온다.

아내가 남편으로부터 사랑을 받고, 남편이 아내로부터 존경을 받는 부부는 서로가 상대의 자존심을 지켜주는 아량을 가지고 있다. 반면에 서로를 미워하고 분쟁하는 부부는 언제나 자기의 자존심만을 중요하게 느낀다. 그들의 마음속에는 항상 '나는 옳고 너는 아니다'라는 교만이 깔려있다. "교만한 가슴에는 어떠한 사랑도 싹트지 않는다"는 괴테의 말처럼. 교만과 사랑은 한 지붕 밑에 동거가 불가능한 것 같다.

교만은 열등의식이다. 이 열등감에서 벗어날 때 비로소 상대의 말에 시시콜콜 토를 달지 않고 '너도 옳다'는 생각이 들 수 있다.

남편은 아내에게 '당신은 참 멋지다'라는 말을 들으면 왜 종일 기분이 좋을까? '사랑한다'는 말을 남편에게 들은 아내는 왜 하루 종일 행복할까? 그것은 자존심 때문이다.

부부싸움은 엄밀히 말하면 잘잘못을 가릴 수 없다. 왜냐하면 스포츠는 심판이 따로 있지만 부부싸움은 심판이 따로 없고 선수가 심판을 겸하기 때문이다. 그래서 부부싸움에서 '옳고 그름'을 가린다는 것은 의미가 없다. 자신의 입장에서는 '너도 옳고 나도 옳기' 때문이다. 모두 옳은 것이다. 반대로 '너도 옳지 않고 나도 옳지 않다'일 수 있다.

이상적인 부부관계에서 집안 분위기는 '에덴동산'이여야 한다. 에덴동산은 부끄러움이 없다. 자존심도, 잘났다는 생각도 모두 벗어버려야 하는 곳이다. 서로가 서로에게 바보다. 바보가 되어야 한다.

미 소

어느 날
부부가 싸웠다
남편이 집을 나갔다

아내가 홀로 울고 있었다
남편이 돌아왔다
왜 왔어요?
안 가져간 것이 있어서
빨리 가지고 가세요

내가 가져가지 못한 것은
'당신'
아내가 더 크게 울었다
남편이 껴안았다

벽에 걸린 십자가가
빙긋이 웃고 있었다

꽃도
눈물이 있다

세상은 꽃이 있어 아름답다.

정원도 공원도 꽃이 있어야 아름답다.

화려한 색과 향기를 풍기는 꽃, 사람들에게 위안을 주는 꽃, 자연 가운데 꽃처럼 아름다운 것은 없을 것이다. 그러나 꽃은 쉽게 지고 만다. 영랑은 '모란이 뚝뚝 떨어져 버린 날 봄을 여읜 설움에 잠길 테요'라고 읊었고, '눈물처럼 후두두둑 지는 동백꽃'이라고 읊은 시인도 있다. 꽃이 쉬이 지는 아쉬움을 표현한 시심이리라. 꽃잎은 왜 후두두둑 질까? 아마 열매를 맺기 위한 아픔의 눈물소리일 것이다.

태초에 신(神)은 자연을 창조하면서 모든 종(種)에게 아름다운 향기와 아픔의 눈물을 준 것 같다. 그것이 '생육하고 번성하라(창세기 2장)'는 은혜이다. '생육'은 삶을 의미하며, '번성'은 씨를 잉태하라는 의미이다. 모든 식물은 꽃이 피고 지고 그 자리에 씨가 맺히고, 모든 동물은 사랑한 자리에 생명이 탄생한다.

모든 생물에는 정(情)의 향기가 있다. 자연은 이 정의 향기로 말미암아 짝을 만나고 열매를 맺는다. 이 질서의 과정은 아름다움과 아픔이 있다. 식물에게는 열매를 맺기 위해 꽃잎을 뚝뚝 떨어뜨리는 눈물이 있고, 동물에게는 생명을 잉태하는 산고의 아픔이 있다.

자연에게는 또 종의 번성을 돕는 향기가 있다. 그것이 대지의 기운이다. 이 기운이 모든 생물을 품어줌으로써 잉태된 생명이 씨가 되고 그 씨로 말미암아 자연의 질서가 유지된다. 이 대지의 향기는 하늘, 땅, 비, 바람, 햇빛, 공기, 구름 등 모든 자연에 운행되고 있다. 이 기운으로 생명이 잉태되고 세대가 이어간다. 이것이 위대한 자연의 질서이다.

모든 생명체는 자연의 질서 안에 있다. 그리고 자연의 질서에 순응하며 살고 있다. 그런데 이 질서에 순응하지 않으려는 종이 나타났다. 그 종이 자연 가운데 가장 우위에 있는 인간 종이다. 자연의 질서에 순응하지 않으려는 물결은 경제·사회·문화적으로 앞서가는 나라에서부터 일고 있다. 우리나라는 이 물결의 앞 대열에 속한 소용돌이를 흐르고 있는 것 같다.

1970년대 정부시책이었던 '자녀 하나 낳기' 운동이 오늘날 우리 사회의 결혼과 출산 기피현상이 될 줄을 누가 알았으랴. 2016년 통계청 조사에 의하면 우리나라 사람 중 결혼을 필수라고 생각한 사람은 51.9%였다. 결혼은 필수가 아니라 선택이라는 사람이 2명 중 1명이라는 말이다. 왜 이런 일이 벌어졌을까? 그것은 풍요와 편리성을 만끽하고자 하는 현대인들의 가치관과 밀접한 관계가 있는 것 같다. 풍요한 문화에서 자란 현대인들은 편리한 것을 선호한다. 복잡하고 귀찮은 것은 아주 싫다. 속박은 질색이다. 그들 중에는 결혼도 속박으로 여기는 것 같다. 따라서 아이를 낳는 것 또한 자유를 빼앗긴다고 느낀다. 이러한 가치관이 우리의 문화가 되어가고 있다.

이러한 결과로 우리나라는 OECD 국가 중 출생률 최하위 국가가 되었다. 지금 같은 저출산이 계속된다면 2030년에는 신생아 수가 올해(2017년)의 절반 수준인 20만 명으로 줄고, 50년 후에는 인구 800만이 줄어 2750년에는 대한민국 인구가 지구상에서 소멸된다고 한다.

'어디 그런 남자 없소, 말하지 않아도 네 맘 알아주고 달래주는 그런 남자…' 그럴싸한 노랫말이다. 그러나 이 그럴싸한 노랫말을 비아냥거리는 말도 있다. "미쳤다고 내가 너에게 가니? 내 말 잘 듣고 사랑스러운 미녀 로봇이 있는데…"라는 비아냥거림은 영화 '바이센테니엘 맨'에서 인간과 꼭 닮은 로봇이 인간과 결혼하여 잘살고 있는 것을 본 사람들만의 말은 아닐 것 같다.

"여성은 결혼을 안 하고 남성은 못 한다"는 말이 있다. 그래서 "결혼해서 찌질하게 사느니 우아한 싱글로 살겠다"는 말은 유행어가 되어 지지 않는 꽃이 되었을까?

품위를 의미하는 '우아함'이란 말에는 두 가지 의미가 있을 것 같다. 그 하나는 풍요하고 고상하게 산다는 의미이며 다른 하나는 자유를 만끽한다는 의미가 내포되어 있을 것 같다. 품위 있는 자유 만끽의 삶에서 행복을 찾겠다는 소망이다. 그러나 행복이란 그냥 얻어지는 것은 아닐 것이다. 행복은 언제나 그에 합당한 대가가 전제되어야 하기 때문이다. 그 하나는 외적 조건이 금수저이거나 뛰어난 재주가 있어야 한다. 그리고 이 조건보다 더 중요한 것은 자신의 내적인 만족감이다.

세상에는 '공짜'는 없다. 대가 없이 얻어지는 것은 없다는 의미이다. 꽃은 혹독한 겨울을 이겨내야 아름답게 피고, 열매는 비바람 가을 햇빛을 받아야 빨갛게 익어가듯 행복을 위해 '우아한 싱글'이 되고 싶다면 그에 합당하게 겪어야 할 가치 있는 무엇이 있지 않겠는가?

꽃의 아름다움이 색과 향기에 있듯이 인간의 아름다운 향기는 정(情)이고 정이 풍기는 향기는 사랑이다. 사랑은 오래 참고 기다리는 아픔이 있지만 기쁨이 있다.

젊은 남녀가 사랑하는 모습은 꽃의 향기와 같다. 아기를 안은 엄마, 유모차를 끌고 가는 아빠의 모습은 아름답게 보인다. 인간이 세상에 와서 해야 할 일 가운데 가장 고귀한 일이 무엇일까? 그것은 사랑하고 열매 맺어 다음 세대를 이어가는 위대한 자연의 질서처럼 신의 뜻에 순응하는 것이리라. 자연은 꽃이 있어 아름답고, 세상은 젊은 세대가 있어 힘차고, 가정은 귀여운 아기가 있어 행복하고 아름답다.

어머니
입 속의 밥

'성인병을 피하려면 사찰음식을 먹어야 한다'는 말이 있다. 불교에서 밥은 육신의 삶을 위해 먹는 것을 넘어서 마음을 닦고 지혜를 얻는 수행과정이라고 한다. 그래서 경전(經典) 『사분율(四分律)』에서 음식은 모두가 약이며 네 가지 식생활을 해야 한다고 권한다. 때에 맞는 음식을 먹고, 제철의 음식을 먹고, 골고루 먹되 과식을 말고, 육식은 절제하라는 것이다. 이 경전의 가르침은 요즘 '웰빙'에 관심이 많은 우리에게 새삼 명언이 된 셈이다.

지금 흰머리세대들만 하더라도 어려서 밥이 없어 못 먹어서 건강하지 못했지만, 요즘 아이들은 좋은 음식을 너무 많이 먹어서 건강하지 못하다고 한다. 그 시절 어린이들은 체중이 적어서 걱정이었지만 요즘 어린이들은 과체중 때문에 병의 발병률이 높다. 세상이 많이 변했다. 밥 한 그릇에 김치와 국이 고작이었던 시절의 '초라한 밥상'이 요즘에는 '웰빙 밥상'이 되었다. 우리 집 밥상도 변했다. 우리 집 '웰빙 밥상' 앞에 앉을 때마다 나는 '어머니 입 속의 밥'이 생각난다.

내가 초등학교를 들어가기 전이었으니까 내 나이 여섯 살쯤 이었을 것 같다. 그때 나는 심한 열병을 앓았다. 아마 홍역이었 던 것 같다. 그때 나는 어지러워 일어나 앉아 있을 수도 없어 누워서 눈물만 흘렸던 기억이 난다. 그래서 밥도 먹을 수가 없 었다. 그렇게 먹고 싶은 쌀밥도 목으로 넘어가지 않았다.

하루는 어머니께서 쌀밥을 그릇에 조금 담아 들고 다른 한 손에는 계란 한 개를 들고 방으로 들어오셨다. 그런데 흰색이 라야 할 쌀밥이 분홍색이었다. 내가 왜 밥이 분홍색이냐고 물 었더니 어머니는 "솥에다 네 누나 저고리를 만들 천에 붉은 물 감을 들였더니 그렇게 됐구나" 하시며 분홍색 밥 한술을 내 입 에 떠 넣어 주셨다. 그런데 그 밥이 목으로 넘어가지 않았다. 어머니께서는 내가 밥을 뱉어내자 그 밥을 당신이 받아먹으시 고, 밥그릇에 계란을 깨 넣고 다시 비벼 내 입에 한술 떠 넣어 주셨다. 그 밥도 삼켜지질 않았다.

어머니께서는 "어떻게 하면 좋으냐? 밥을 먹어야 일어나서 아이들과 뛰어놀 수 있을 터인데…" 걱정을 하시며 내 입 속의 밥을 받아 당신의 입에 넣고 깨문 다음 그 밥을 내 입에 혀로 밀어 넣어 주시었다. 그런데 그 밥은 삼킬 수 있었다. 나는 어 머니가 깨물어준 밥을 몇 번 더 받아먹고 며칠이 지나서 자리 에서 일어났던 것 같다.

어머니는 내가 뱉어낸 밥을 깨물면서 무슨 염원을 하셨을까? 내 입맛을 돋게 하려는 어머니의 마음, 그 사랑이 나의 아픔을 이겨내게 했던 것 같다. 그리고 아이들과 뛰어놀 수 있게 되었던 것 같다. 자식의 입에 밥이 들어갈 때 가장 행복을 느끼신다는 어머니. "신은 모든 곳에 있을 수 없기에 어머니를 만드셨다"

어머니의 입 속의 밥이 나에게 이렇게 말했을 것이다. "어서 일어나서 아이들과 뛰어놀아라" 오늘도 나는 사랑의 염원으로 깨문 어머니의 밥을 먹고 있다.

감사를 알았다면

사랑은 왜
눈물을 주고
아픔을 주고
또 후회의 자국으로 남게 하는가?

지나고 보니
아픔도 눈물도 기쁨도
모두 뜻이 있었네

사랑을 좀 더 얼른 알았더라면
감사를 알았을 것을

감사를 좀 더 얼른 알았더라면
사랑을 알았을 것을

후 회

'인생' 모르네
아무리 가르쳐 주어도
스스로
깨달아야 하는 거니까

보지 못하네
알지 못하네
소중한 것이
옆에 있을 땐

그러나
어느 날
알게 되었네
깨달았을 땐
이미 늦었다는 것을

망가진 뒤에 오는 깨달음
깨달음 뒤에 오는 후회

왜 깨달음은
이렇게 늦게 와서
이렇게 아픔으로 남는 것인가?

어머니
물레

"어머니는 죽지 않는다"

어머니는 가슴속에 살아 있다. 그러한 어머니도 처음에는 엄마의 아기였고, 딸이었다. 그 딸이 어떻게 죽지 않는 어머니가 될까?

엄마의 아기였던 딸은 자라서 남자의 친구가 되고, 더 성숙하면 자신만을 사랑해 줄 남자를 기다리며 아프로디테를 닮고 싶은 여인이 된다. 이 무렵 여인의 삶의 목표는 미적실존(美的實存)이다. 스스로 아름다움을 찾고, 가꾸며 '솔로몬의 아가(song of songs)' 속 사랑처럼 인생을 아름답게 노래하면서 살고 싶다. 솔로몬은 이렇게 노래했다.

겨울이 지나고 비도 그쳤다.

산과 들엔 꽃이 피고 새가 노래한다.

산비둘기의 소리가 들리는구나.

무화과나무에 푸른 열매 열렸고

포도나무는 꽃이 피어 향기를 뿜는구나.

나의 어여쁜 사람아

어서 와서 함께 가자.

바위틈 은밀한 곳에 숨은 나의 비둘기야,

네 모습을 보게 하라.

네 목소리를 듣게 하라.

사랑의 세월도 흐른다. 꽃이 지면 열매가 맺히듯 사랑이 끝나면 아기가 탄생한다. 엄마가 된 여인은 아기를 품에 안고 젖을 주면서 "아가 건강하고 아름답고 지혜롭게 자라서 네 이웃에게 덕을 끼치는 사람이 되어다오", 마음속 깊은 곳에서 우러나오는 '사랑의 염원'을 아기에게 보낸다. 아기는 그 사랑의 염원을 먹고 정서적 기반을 형성한다. 이때 여인은 미적실존에서 모성(母性) 실존의 삶으로 인생의 목표가 바뀐다.

아기가 자라 학교에 갈 나이가 되면 엄마는 남편에 대한 사랑의 관심을 자식에게로 이동한다. 이 시기 엄마는 나약한 여인이 아니다. 자식을 위해 자신을 몽땅 내주는 삶에서 인생의 의미를 찾는다. 그리고 자신이 이루지 못한 꿈을 자식이 대신 이루어 주리라고 기대한다.

어린 자녀가 사춘기를 지나 성장하면 부모에게서 독립하는 시기가 온다. 그러나 어머니는 심리적으로 자식을 독립시키지 못하고, 어쩌면 자신이 자식으로부터 독립하지 못하고 자식 걱정의 탯줄을 달고 산다. 자식을 사랑한다는 핑계로. 이 시기가 희생실존(犧牲實存)이다.

세월은 흐른다. 어느 날 엄마는 거울에 비친 주름진 자신의 모습을 보면서 지금까지 자식을 위한 희생도, 자식을 통해 이루려던 꿈도 비 온 뒤 사라지는 무지개 같은 것이었다는 것을 깨닫는 날이 온다. 이 무렵 어머니는 불안하고, 우울하고, 소망도 의욕도 없이 몸도 마음도 아프다. 이때 어머니는 허무실존(虛無實存)의 기간으로 접어든다.

어머니의 허무실존은 둘로 나누어진다. 하나는 허무를 극복하는 자각실존(自覺實存)이고, 다른 하나는 한실존(恨實存)이다.

자각실존 어머니는 부모, 남편을 잘 만나고 자식들이 잘 자라준 덕에 지난 세월이 그런대로 행복했다고 생각한 어머니들에게서 나타나는 실존이다. 경제적으로나 사회적으로 비교적 여유가 있는 어머니들은 자식이 있지만 자식에게 의지하지 않고 스스로 여생을 즐겁게 보내는 독립족이다. 이들은 생물학적으로는 퇴화기에 와 있지만 교회로, 봉사로, 여행으로 노래하는 매미처럼 즐거운 여생을 사는 어머니들이다. 이들을 통크족(Two Only No Kids)이라고 부르기도 한다.

반면에 한실존 어머니 유형은 젊어서 남편 때문에 속이 문드러진 채, 오직 자식에게 소망을 걸고 살아가는 어머니들에게서 흔히 볼 수 있다. 자각실존 어머니들이 여행하고 취미활동을 할 때, 이분들은 기대했던 자식마저 실망을 안겨주자 여름이면 나무에 붙어 간드러지게 우는 매미처럼 한 많은 인생을 살아가는 어머니들이다.

이 두 어머니 실존에도 공통점이 있다. 그것은 인생이 무엇인지, 어디에서 와서 어디로 가는 것인지에 대한 인생의 근원적인 물음을 묻는다는 것이다. 그 물음에 대한 해답은 미궁이다. 매미가 우는 것인지 노래하는 것인지 모르는 것처럼 말이다.

매미의 환생

매미는 13년에서 17년이란 긴 세월을 땅속에서 굼벵이로 살다가 매미로 세상에 나와 열흘 동안 나무에 붙어 간드러지게 소리소리 지르다가 갑자기 소리를 멈추고 알을 낳고 죽는다. 그리고 그 알은 매미가 되기 위해 17년이란 긴 세월을 다시 땅속에서 보낸다.

그렇게 긴 세월을 기다리다 세상에 나온 매미는 그 긴 시간 땅속의 세월이 억울해서 우는 것인지, 아니면 세상 빛을 본 기쁨에 복받쳐 노래를 부르는 것인지는 알 수 없으나, 열흘간이라는 그 짧은 시간 동안 온 힘을 다하여 소리소리 지르다가 어느 날 갑자기 소리를 멈추고 자기 고향 집인 땅속으로 돌아간다.

매미의 열흘간의 삶의 의미는 무엇일까? 울기 위해서일까? 노래를 부르기 위해서일까? 그것은 마치 어머니의 삶이 자식을 위해 사는 건지 자신을 위해 사는 건지 모르는 것과 같은 것일지도 모른다.

사람들은 이 세상에서 약 80년을 산다. 어떤 사람은 노래하는 매미처럼 즐겁게 살지만, 어떤 사람은 우는 매미처럼 슬픈 생을 보낸다. 그리고 그들은 죽으면 매미처럼 모두 땅속으로 들어간다. 모든 생물은 환생(還生)한다는 불교의 믿음대로라면, 인간이 매미처럼 환생하려면 땅속에서 지내야 할 세월이 약 5만 년은 될 것이다.

나의 어머니의 실존은 한실존 어머니에 속할 듯하다. 기울어져 가는 종갓집 맏며느리로 시집와서 세 명의 시동생과 세 명의 시누이를 키워서 출가시키고, 쓰디쓴 시집살이에서 아들을 둘 낳아 그놈들의 얼굴을 바라보는 기쁨으로 살았다. 그런데 어느 날 들일로부터 집에 돌아와 보니 두 아들이 사고로 죽었다는 것을 알게 되었다. 그때 어머니는 두 다리를 뻗고 땅을 치며 한없이 우셨다고 한다. 어머니는 두 아들을 가슴에 묻고 한 많은 삶을 사셨다. 그 후에도 딸 셋, 아들 셋을 낳았으나 자식에 대한 기대보다는 허무함으로 사셨던 것 같다.

나의 어머니는 막걸리를 즐겨 마셨다. 마을 잔칫날이면 술을 마시고 노래를 부르셨다. 이웃 동네로부터 초청을 받을 만큼 나의 어머니는 잔칫날 분위기 메이커였던 것 같다. 나는 어느 날 동네 잔칫날 노래하는 어머니의 얼굴을 본 일이 있다. 나는 그날 흥얼거리는 어머니의 노랫소리에서 슬피 울어대는 매미의 모습을 보았다.

어머니는 한 많은 삶을 노래라는 술잔에 담아 마셨다. 동네 사람들은 어머니의 노랫가락에 흥이 겹다고 했지만, 어머니 노랫가락은 한으로 채워진 잔의 가락이었다. 그 한의 술잔이 넘칠 무렵 어머니는 옷깃을 여미고 휘청거리는 걸음걸이로 집으로 돌아와 우리들을 불러 안으셨다. 우리가 걱정스러운 표정으로 어머니의 얼굴을 쳐다보고 있으면 어머니는 늘 "괜찮다, 괜찮다" 하시며 노랫가락을 가느다랗게 흥얼거리셨다. 지금 생각하면 그 흥얼거리는 소리는 "한 많은 이 세상…"이었던 것 같다.

처음에는 아기였고 한 남자의 아내였던 나의 어머니. 어머니는 53년을 사시다 우리 곁을 떠나가셨다. 한 줌의 흙으로 누워 계신 나의 어머니. 한의 씨줄과 슬픔의 날줄로 짜인 한평생을 사신 나의 어머니. 어머니 무덤 앞에 서면, 한 많은 베 한 필을 짜기 위해 빙빙 물레를 잣는 어머니의 노랫소리가 아련히 들려온다.

어머니 물레

산골 초가집 헛간에 버려진 물레
아무도 거들떠보지 않은 물레
거미집이 되어버린 물레
추운 겨울 아궁이에 들어갈 뻔한 물레
헛간 천장에 매달린 신세가 되었네
어머니 만류로 그나마

어머니 색시 시절
길쌈 품앗이로

시집살이 한 많은 노랫가락으로
운명처럼 빙빙 돌았네
어머니 물레
세월이 돌고 돌아
나일론 옷이 시골 장을 누비면서
물레는 돌기를 멈추고
헛간에 매달린 거미집 신세가 되었네

어머니가 세상을 떠나던 날
헛간에 매달려 거미에게 푸념하며
소리 없이 울었네
어머니 물레

어느 날
길손이 찾아와 물레를 문화재감이라고 했네
길손이 물레를 등에 메고 떠나던 날
헛간이 아쉬워 뒤를 돌아보고 또 돌아보다가
물레는 박물관에 앉혀졌네

물레는 날마다 관객을 만나지만
한 맺힌 시집살이 실타래에 실어 빙빙 돌던
그 시절 어머니를 그리워하며
그냥 앉아 있네
어머니 물레

구름 속으로
흘러간 얼굴

6·25전쟁 때문에 부상당한 병사나, 남편이 사망한 미망인들을 국가가 보호하는 '보훈원'이라는 시설이 있다. 이 기관으로부터 그분들을 위한 '복지 프로그램개발'에 대한 연구를 의뢰받았을 때의 일이다. 이 연구를 하기 위해 나는 그 시설에 계신 분들을 면접하게 되었는데 그 과정에서 충격적인 한 여인의 사연을 듣게 되었다.

그 여인의 이야기는 이러하다. 그녀는 6·25전쟁 당시(18세) 결혼을 하고 3개월 만에 남편을 전쟁터로 보내게 되었는데, 3개월도 못되어 남편이 전사했다는 억장이 무너지는 통지서를 받게 된다. 밭에서 김을 매고 있던 아내는 남편이 전사했다는 소식을 듣는 순간 그만 그 자리에 펄쩍 주저앉고 말았다. 그분은 그 후로 영영 일어나지 못하고 지금까지 앉은 채로 살고 계신다고 했다. 그분의 일상생활은 모두 앉은 채로 이루어지고 있었다. 그분은 거의 밖을 나가지 못하고 방에서 생활하고 계신다고 했다. 이 말을 듣는 순간 내가 일주일에 한 번 정도 와서 휠체어로 산책을 시켜드려야 하겠다고 마음먹고 돌아왔다.

인간의 삶은 '자유의 길'이라고도 하고 '운명'이라고도 하고 '업보'라고도 한다. 그분의 인생길이 자유의 길이었을까? 운명이었을까? 운명이라고 하면 너무나 가혹한 운명이다. 오직 남편을 기다리며 행복한 날을 꿈꾸며 성실히 살았던 한 젊은 여인의 생애에 '자유의 길'은 없었다. 길을 선택할 기회가 전혀 없었다.

그러면 인생은 불교가 말하는 업보일까? 자신의 운명을 스스로 선택한 것이 아니라 태어날 때 이미 자신의 일생이 정해져 있었단 말인가? 그것이 전생의 업보란 말인가? 운명인지 업보인지도 모르면서 그분은 어쩔 수 없이 '앉아서 사는 길'을 받아들일 수밖에 없었다. 너무나 가혹한 운명이다. 슬픈 업보이다.

"전쟁은 60세 이상인 사람만 참여해야 한다"는 찰리 채플린의 말이 생각난다. "늙은이들이 일으킨 전쟁에서 꽃다운 목숨들이 죽어가서는 안 된다"는 말은 성언처럼 들린다. 전쟁은 미친 짓이다. 전쟁은 인간 근본을 파괴하는 이 세상의 지옥이다. 우리 동족끼리 벌인 전쟁에서 좌익과 우익이 무엇인지도 모르는 아까운 생명들이 죽어갔다. 전쟁을 일으켜 놓고 "조국을 지켜야 한다"는 말은 무엇인가? 명분은 또 무엇인가? 그 명분 때문에 억울한 죽음은 무엇으로 보상될 수 있을까? 남편이 전사한 아내의 한은 어디서 보상받을 수 있단 말인가?

보훈원 일을 하면서도 나는 마음이 무거웠다. 내 이기적인 생각 때문이었겠지만 바쁘다는 핑계로 결국 그분의 휠체어를 밀어주리라는 마음은 실천에 옮겨지지 못했다.

세월은 흘렀다. 나는 가슴 아픈 일을 겪게 되었다. 내 사랑하는 딸이 사고로 한 달이 넘도록 사경을 헤매다 내 곁을 떠나갔다. 어느 날 나는 그분 생각을 하게 되었다. 늦었지만 사죄하는 심정으로 그분을 찾아갔다. 그리고 직원에게 그분의 안부를 물었다. 그런데 그분은 지난겨울에 유명을 달리하고 보훈원에 계시지 않았다. 마음이 착잡했다. 따뜻한 가을이었다. 나는 밖으로 나와 뜰을 거닐며 하늘을 쳐다보게 되었다. 하늘에는 구름이 흘러가고 있었다. 구름조각들이 몇 개의 얼굴이 되어 동그랗게 맴돌며 흘러가고 있었다.

이 가을에

흐르는 것이 어디 시간뿐이랴. 하지만 시간처럼 조용히 그리고 확실히 흘러간 것도 없는 것 같다. 눈물이 뚝뚝 떨어지는 그리움의 시간도 달이 뜨고 지는 길목으로 지나가고 만다.

네가 떠난 지도 많은 시간이 흘렀구나.

우리 둘 산책길에 누군가 만든 눈사람에 네 목도리를 둘러주었던 자리에는 코스모스가 피었구나. 그 길을 오늘 오르다 네 생각을 했다.

너는 아무도 없는 외딴 길에 홀로 피어 한들거리는 코스모스였다. 안으로만 파고들어 자기성찰에 몰두하며 어떤 고민도 누구에게도 털어놓지 못한 비밀 상자, 세상적인 것에 익숙하지 못하여 하나밖에 모르는 단순한 너. 높은 하늘에 천천히 떠가는 구름 속에서 너의 얼굴을 그려본다.

세월이 흐른 이 가을에 네가 낙서처럼 그려 놓은 글과 내게 그려준 내 초상화를 만져보며 휘파람을 불어본다. 보고 싶다. 이 가을에…

이 가을에

낙엽이 떨어지니
가을이 오는 것인가
가을이 오니 낙엽이 떨어지는 것인가
그녀는 안다
이 가을에

하늘이 높고
흰 구름이 간간히 떠가던 날
코스모스 같은 그녀
그녀가 나를 떠나갔는지
내가 그녀를 떠나보냈는지
나는 모른다
이 가을에

겨울이 가면 봄이 오고
꽃이 지고 여름이 가면
푸른 하늘 같은
깊은 눈동자 그녀
내 정원에 낙엽으로 떨어지네
이 가을에

그때 생각

비 오는 날엔
차 한 잔 같이 나누며
빗소리 듣고

눈 오는 날엔
발자국 남기며
함께 걷고

맑은 날엔
하늘을 바라보며
구름에 꿈을 보내고

바람 부는 날엔
모자를 눌러쓰고
팔짱을 끼고 걸었던 그 길

그때의
너를 생각한다

Chapter 3.

결점 보따리

Chapter 3.
결점 보따리

희랍신화에 나오는 대장장이 프로메테우스는 인간을 빚으면서 각자의 허리에 두 개의 보따리를 매달에 놓았다. 그 하나는 다른 사람의 결점을 채워서 앞쪽에, 다른 하나는 자신의 결점을 채워서 등 뒤에 매달아 놓았다. 그래서 사람들은 앞에 매달린 다른 사람의 결점은 잘 보고 시비를 하지만, 자신의 결점이 채워진 보따리는 뒤에 매달려 있기 때문에 볼 수 없어 자기는 결점이 없는 사람으로 착각하며 산다는 것이다.

사람들은 '나는 옳고 너는 아니다'라는 착각에 빠져 사는 것 같다. 자신의 결점 보따리는 등 뒤에 차고, 남의 결점 보따리는 앞에 차고 시시콜콜 남을 비난한다. 정치, 경제, 교육, 노동, 종교, 어느 곳 하나 자신의 결점 보따리를 앞에 찬 집단은 보이지 않는다.

나와 조금만 달라도 서로 차별하고, 힘이 세다고 힘없는 사람을 짓밟고, 다른 신을 믿는다는 이유로 서로 죽이려 하는 세상, 이런 세상이 신이 '보시기에 좋았더라.' 라고 말한 세상일까?

우리는 왜 남을 짓밟고서라도 나는 살아남아야 한다고 생각할까? 스포츠 경기에는 심판이 있지만 우리가 사는 경쟁사회에서는 심판이 따로 없는 것 같다. 무슨 수를 써서라도 이기면 정의가 되고 패하면 불의가 되는 세상이 아닌가!

세상은 온통 시시비비 판이다.
정의를 빙자한 시시비비, 평화를 빙자한 시시비비, 사랑을 빙자한 시시비비가 온 땅을 덮고 있다. 그러나 그 시시비비는 참과 거짓을 가리기 위한 시시비비가 아니라 힘을 과시하는 싸움판이다. 왜 이렇게 싸울까? 돈 때문이다. 돈이 힘이기 때문이다. 이 힘이 사람을, 나라를, 세상을 쥐락펴락하고 있다.
이 세상에는 돈보다 더 소중한 것은 없을까?

정의는
힘에 굴복하는가?

정의는 왜 힘에 의해 굴복하는가?
정의는 불의를 굴복시킨 적이 있는가?

"다수가 반드시 진리는 아니다"라는 말은 옛날 소크라테스가 그의 제자 플라톤에게 한 말이다. 이 명언이 이 시대의 우리에게 어떤 의미가 있을까?

이 사회에서는 다수의 주장, '보편타당한 것'이 참(진리)으로 통용되고 있다. 그러나 다수의 주장은 언제나 모두 참일까? 반드시 그런 것만은 아닌 것 같다. 보석 '루비'를 다수가 '다이아몬드'라고 주장한다고 해서 루비가 다이아몬드가 될 수는 없기 때문이다. 이것이 소크라테스의 생각이다.

그러나 이 사회에는 '루비'를 '다이아몬드'라고 주장하는 사람들이 많다. 그들은 힘 있는 사람들이다. 그들은 옳은 것을 주장하기보다 자기의 이익을 위해 거짓주장을 한다.

플라톤의 『국가』중 '귀게스의 반지'* 에는 이런 대화가 있다. 트라쉬마코스는 소크라테스에게 "정의란 한마디로 강자에게 이익이 되는 것"이라고 말한다. 그리고 이렇게 말을 이어간다. "양치는 목동이 하는 일은 누구를 위한 일이 될까? 양을 위한 일이 될까? 목동을 위한 일이 될까? 양이 토실토실 살이 오르면 양에게 이익일까? 아니다. 당연히 목동에게 이익이 된다."

통치자나 정치가가 그렇다. 그들은 언제나 겉으로는 정의를 주장하지만 실은 통치를 받는 사람들의 행복과 정의를 위해 법을 세우고 집행하기보다 자신들의 이익을 챙기는 데에 더 마음을 쓰고 행동하는 자들이 대부분이다. 이들은 귀게스의 반지의 보석을 바른쪽이 아닌 안쪽으로 돌려놓고 국민을 속이는 자들이 아닌가! 그렇다면 그들은 정의로운 통치자도 국민을 위한 정치가도 아닌 양의 가면을 쓴 이리들이 아닌가!

| 귀게스의 반지 |

옛날 리디아 땅에 한 목동이 있었다. 어느 날 목동이 양을 치고 있는데 천둥 번개가 치더니 땅이 갈라졌다. 깜짝 놀란 그는 조심조심 갈라진 땅속으로 내려갔다. 그곳에는 청동으로 만든 말이 있었다. 그 말에 작은 문이 달려 있어 그 문을 열어보니 송장이 누워 있었고 송장의 손가락에는 반지가 끼워져 있었다. 그는 그것을 살짝 빼서 가지고 나왔다. 그런데 그 반지는 놀라운 힘을 가지고 있었다. 반지에 달린 보석을 안쪽으로 돌리면 반지를 낀 사람이 보이지 않았고 바른쪽으로 돌리면 다시 보였다. 그 반지만 있으면 원하는 때에 언제나 투명인간이 될 수 있었다.

법을 세우는 정치가들은 언제나 국민을 위한다는 명분을 내세운다. 그러나 그들의 명분에는 그들 자신과 그들 집단의 이익을 위해 국민을 기만하는 거짓 명분이 들어있다. 그들은 언제나 자신들이 정의롭다고 주장한다. 이 당도 저 당도 그렇다. 그리고 그들은 언제나 자신들이 정의롭다고 주장한다. 그러나 사실은 그중 하나, 혹은 둘 다 거짓일 수 있다. 왜냐하면 그 주장에는 귀게스의 반지의 보석을 자신들의 이익을 위해 안쪽으로 돌려놓고 상대를 기만하는 거짓 술수가 들어 있기 때문이다. 그럼에도 불구하고 그들은 모두 자신들의 주장이 '양심적으로 옳다'고 주장한다. 정의롭다고 주장한다.

진정 그럴까? 그럴지 모른다. 자신의 입장에서는 옳을 수 있다. 왜 그렇게 생각될까? 이런 현상을 칸트는 '경향성'이라고 했다. 그 사람은 그렇게 생각할 수밖에 없다는 것이다. 그 사람의 성격, 가치관, 현재 처해 있는 위치가 그렇게 생각하고 말할 수밖에 없게 만든다는 것이다. 그러나 그 주장은 자기최면이며 자신의 입장을 '정의'로 색칠한 가면이다. 진실하지도 정의로운 주장도 아닌 거짓이다.

국민들은 어떤가? 이 당에 속한 나도 저 당에 속한 너도 그 '거짓된 참'에 속고 있지는 않은가! 자기편이라는 것 때문에 자신을 속이고 있는 것은 아닌지 자신을 돌아봐야 한다.

소크라테스는 죽음을 피할 수 있었다. 그러나 목숨을 버리는 쪽을 선택했다. 그 이유는 무엇일까? '악법도 법'이라는 이유

때문이었을까? 만일 그렇다면, 법이 인간을 위해 있는 것이 아니라 인간이 법을 위해 존재한다는 말이 된다. 그 법이 악법임에도 불구하고 소크라테스가 목숨을 버리는 쪽을 택한 것은 어떤 의미일까? 법은 지켜져야 한다는 것이다. 귀게스의 반지의 보석을 자기의 이익을 위해 옆으로 돌려서는 안 된다는 의미일 것이다.

'법은 인간을 위해 있어야 한다'고 하면서도 세상에는 힘이 인간 위에 군림하는 경우가 허다하다. 힘은 언제나 인간을 지배해왔고, 지금도 그렇다. 그 힘은 황금일 때도 있었고, 권력일 때도 있었지만 '다수'일 때가 많았다. 소크라테스의 사형선고 역시 배심원 '다수'(361 대 140)에 의해 결정되었다. 다수의 힘이 참이 된 것이다. 그 다수의 힘은 권력의 작용이었다.

빌라도는 법정에서 군중들이 끌고 온 예수에게 아무런 죄를 발견하지 못했다고 고백했다. 그러나 군중들은 예수를 십자가에 못 박으라고 소리소리 외쳤다. 예수는 다수인 군중에 의해 죄인이 되어 십자가에 못 박혀 죽었다. 참과 거짓은 이 '다수'의 힘에 의해 결정된 셈이다. 그러나 군중은 자신들의 패권이 무너질까 두려워 소리소리 지른 것이었다. 그것은 '귀게스의 반지'에서처럼 나와 너의 이기적인 '경향성' 때문이다.

참과 거짓에는 독특한 차이가 있다. 참은 옳음을 묵묵히 주장한다. 소크라테스와 예수는 자신들의 이익을 위해 '귀게스의 반지'의 보석을 바른쪽이 아닌 안쪽으로 돌려놓지 않았다. 그러나 거짓은 자신들의 이익을 위해 보석을 언제나 안쪽으로 돌려놓고 변명하고 거짓증거를 일삼는다.

세상을 돌아보라! 자신들의 이익을 쟁취하기 위해 집단으로 폭력을 행사하는 참을 가장한 악마들이 얼마나 많은가! 악마 패거리 집단들이 세상을 얼마나 어지럽히고 있는가!

하버드대학교 교수 마이클 샌델(Michael Sandel)은 『정의란 무엇인가』라는 책에서 아리스토텔레스, 칸트, 벤담, 밀, 롤스에 이르기까지 고대부터 근현대 정치철학의 흐름 속에서 정의를 이해하는 세 가지 방식인 행복의 극대화, 자유, 미덕의 추구를 대변하는 대표적인 이론들을 실제 예를 들면서 설명하고 있다.

나는 이 설명을 들으면서 일찍이 제레미 벤담(J. Bentham)이 주장했던 '최대 다수의 최대행복'이 우리 인간들에게 '반드시' 정의로운 것인가를 묻게 된다. 왜냐하면 '최대 다수'의 힘 뒤에는 언제나 '다수'에 의해 희생된 억울한 '소수'가 있었기 때문이다. 소크라테스, 예수, 갈릴레오가 '다수'의 힘에 의해 희생된 대표적인 사례였다. 억울한 희생자가 어찌 이들뿐이겠는가?

역사는 언제나 승리자의 것으로 기록되어 있다. 그러나 사람들의 가슴에서 가슴으로 전해진 진실은 역사로 기록되는 법이다.

고고한 소나무

정상에 솟은
바위 위 소나무 한 그루
하늘 아래 어떤 정기가
저리 고고할꼬

푸르른 날에도
그림자도 던지지 않고
하늘을 향해 홀로 서 있는 나무

밤에는 수많은 별들이 찾아오고
낮에는 가끔 독수리가 찾아올 뿐
이 나무에 둥지를 트는 새는 없네

비가 오면 파랗게 몸을 씻고
눈이 오면 하얀 옷을 입고
바람이 불면 푸른 소리를 내며
천년을 서 있네
孤高한 소나무

자유와
책임

지금은 아니겠지만 내가 일하던 학교가 1980년대에는 '데모하는 학교'로 소문났던 것 같다. 한번은 테니스 코트에서 처음 만난 분들과 인사하는 자리에서 한 친구가 나를 교수라고 소개하니까 그 중 한 분이 "어느 학교입니까?" 하고 묻기에 내가 학교 이름을 말했더니 그분이 웃으면서 "데모 잘하는 학교요?" 한다. 오죽했으면 당시 정권이 이 학교를 없애버리라고까지 했을까?

우리 학교는 서울에서 오산으로 분리 이전해 갔다. 그러나 그 전통은 어디 갈까. 학생회에서는 그해 가을학기 목요일 오후를 데모하는 날로 정해놓고 비가 오나 바람이 부나 학생들은 공부는 뒤로하고 스크램을 짜고 교문 밖으로 나갔다.

그 학기에 내가 맡은 과목은 '인간행동과 사회환경'이었다. 수강학생은 80명이었고 수업시간은 목요일 오후 한 시 반이었다. 그런데 수업에 들어오는 학생들은 고작 5~6명에 불과했다. 학생들 대부분이 데모에 참여했기 때문이다. 학기말이 가까워서야 학생들이 모두 수업에 들어왔다. 나는 출석을 점검하면서 그동안 수업에 참여하지 않는 학생들을 보니 괘씸하기도 했지만 반가웠다. 그러나 나는 내색은 않고 수업일수에 대해서 걱정된다는 말을 했다.

그때 "선생님" 하며 한 학생이 벌떡 일어섰다. "저는 내 이기적인 욕심보다 사회의 부조리를 위해서 주먹을 쥘 수밖에 없었습니다" 주먹을 높이 쳐들면서 "옥에 갇힌 자, 억눌린 자를 위해, 의에 주리고 목마른 자는 복이 있다고 했습니다. 나의 형제들이 지금 옥에 갇혀 있는데 나만 혼자 공부를 할 수가 없었습니다. '인간행동과 사회환경'이 F가 나와도 후회하지 않을 것입니다" 그는 학생들의 박수갈채를 받으며 당당하게 앉았다.

"나의 행동에 대해 후회하지 않겠습니다" 이 학생의 말은 '자유와 책임'에 대한 의지의 표현이었다. 독일의 철학자 하이데거는 인간의 실존에 대해 이렇게 말했다. "인간의 실존은 던져진 존재(thoroughness)이다. 이 던져짐은 자신의 의지도 자유도 아니었다. 그러나 인간은 던져진 그 순간부터 다시 자신을 던질 수 있는 자유가 주어진 존재이다" 나의 존재는 나의 선택으로 이루어졌다. '자유의 길'이다. 따라서 그는 자신의 세계를 어떻게 창조하느냐에 따라 자신의 운명을 자신이 결정한다는 의미가 된다.

우리는 누구나 자신의 삶을 스스로 선택하고 살아가야 한다. 수업시간에 데모대열에 합류하든 수업에 참여하든 자신의 자유이다. 선택의 자유는 강요해서도 강요받아서도 안 된다. 인간은 자신의 삶을 자신이 선택하고 창조해갈 수 있는 자유가 주어진 존재이기 때문이다. 그러나 그 선택과 자유에는 반드시 책임이 뒤따른다. 왜냐하면 행동의 선택을 자신이 하는 것처럼 그 결과 또한 스스로의 책임이기 때문이다.

우리는 선택의 자유에 대해 갈등과 고민이 있다. 선택의 자유가 주어졌다고 하여 어떠한 상황에서도 현명한 선택을 할 수 있을까? 또 원하는 대로 자신을 자유롭게 조절할 수 있을까? 그 대답은 'No'이다. 이것이 인간의 한계성이다.

실존철학에서는 인간의 잠재가능성과 한계성을 동시에 타고난 운명으로 받아들인다. 중요한 것은 인간이 이러한 한계성에도 불구하고 타고난 가능성을 개발하기 위해, 그리고 자신의 자유를 실현하기 위해 부단한 몸부림, 고뇌가 필요하다고 믿고 있다. 왜냐하면 인간의 실존에 대한 실존주의자들의 관심은 '인간이 무엇이 되느냐'에 있는 것이 아니라 '어떻게 참된 삶을 살 수 있느냐'에 있기 때문이다.

자신의 가능성을 개발하고 실천하기 위해 인간의 삶은 '아무렇게나'가 아니라 '진지하게' 선택되어야 한다. 왜냐하면 그 선택의 결과 또한 자신의 책임이기 때문이다. 내 삶에 대해서 '나는 자유다'라는 것은 '나는 나의 실존에 대해 전적으로 책임이 있다'는 것을 동시에 의미한다.

"나는 나의 행동에 후회하지 않겠습니다"라고 말한 그 젊은 패기, 자유, 그의 선택은 무엇이었을까? 그는 자신의 선택을 자신의 운명으로 받아들였다고 생각된다. 그는 수업과 데모라는 두 중요한 상황에서 갈등하다가 그는 데모를 선택할 수밖

에 없었던 것이다. 그는 무엇을 얻는가 보다 어떻게 사느냐가
더 중요하다고 믿었기 때문이리라.

바다에 배를 띄우다

항해하는 배
항구에 정박한 배

배는 항구에 정박해 있을 때는
안전하다

그러나
배는 항구를 떠나야 한다
출렁거리는 바다를 향해
항해해야 한다

풍랑을 만나 표류할지도 모르지만
산호초에 부딪혀 좌초될지도 모르지만
그래도 배는 돛을 올려야 한다
기다리는 항구를 향해 떠나야 한다

배는 그러자고 지은 거니까

떨어지는
연습

유도선수는 상대를 쓰러뜨리면 승리하고, 서커스 곡예사는 떨어지지 않고 공중을 잘 날면 박수갈채를 받는다. 그래서 나는 유도선수는 상대를 넘어뜨리는 연습을 많이 해야 하고, 곡예사는 공중을 나는 연습을 많이 해야 한다고 생각했다. 그런데 유도선수도 곡예사도 이런 나의 상식을 뛰어넘었다. 상대를 잘 쓰러뜨리기 위해서는 잘 넘어질 줄 알아야 하고, 공중을 잘 날기 위해서는 잘 떨어질 줄 알아야 한다는 것이다.

하버드대학을 나와 프린스턴 대학에서 종교철학을 강의하던 샘 킨(Sam Keen) 박사가 '떨어질 줄 아는 중요성'을 알게 되기까지는 상당한 기간이 필요했다고 그의 저서『공중을 나는 철학자』에서 말하고 있다.

그는 60이 넘은 나이에 자신의 평생직업이었던 교수직을 박차고 나와 서커스 곡예사가 되기 위해 서커스단장을 찾아간다. 그는 단장에게 멋지게 공중을 나는 법을 가르쳐주기를 부탁한다. 그런데 단장은 처음부터 공중을 나는 법은 가르쳐줄 생각은 하지 않고 계속해서 떨어지는 요령만을 연습시켰다. 하루는 그가 단장에게 물었다. 왜 공중을 나는 방법을 가르쳐주지 않고 떨어지는 연습만 시키느냐고. 단장의 대답은 간단했다. "잘 날기 위해서는 잘 떨어질 줄 알아야 하기 때문이다"라는 말이었다.

한국의 어머니들은 학교에서 돌아온 자녀에게 "무엇을 배웠느냐?"고 묻는다고 한다. 그러나 이스라엘 어머니들은 "무슨 질문을 했느냐?"고 묻는다고 한다. 영국 어린이 축구놀이는 '서로의 선택을 존중해야 한다'는 'Respect'를 배우는 축구경기라고 한다. 그러나 우리 문화의 모든 놀이는 이기는 게임이다.

우리가 어린 시절 부모에게서 많이 듣는 말이 있다. "훌륭한 사람이 돼라", "일 등을 해라", "그래야 성공한다" 만약 공부를 하지 않거나 점수가 낮은 시험지를 받아오면 실망한 어머니의 얼굴을 보거나 야단을 맞아야 한다.

친구들과 놀다가 다투어 맞고 울면서 집에 오면, 바보같이 맞고만 다닌다고 핀잔을 듣거나 기분이 언짢은 어머니의 얼굴을 보게 된다. 잘 맞았다고, 혹은 맞아볼 줄도 알아야 한다는 엄마는 없다. 이런 부모 밑에서 자란 우리 아이들은 아름다운 것이 무엇인지 행복하게 사는 것이 무엇인지를 배우기보다 남을 이기는 방법을 배우면서 성장기를 보낸다. 아마 엄마도 이기기만을 원하는 그런 부모 밑에서 성장했기 때문일 것이다.

그러나 실수하지 않고 이기기만 하면서 성장기를 보내는 아이들이 얼마나 될까? 어쩌면 실수나 실패를 반복하면서 성장하는 것이 어린 시절이다. 그리고 우리는 세상을 살면서 실수나 실패가 우리에게 많은 아픔을 주지만 그 아픔의 경험이 우리를 성숙시켜 더 지혜로운 삶을 살게 한다는 것도 잘 알고 있다. 세상이라는 혹독한 선생님은 교과서에도 없는 교훈을 주어 우리를 성숙시키는 경우가 많다. 우리들은 실수나 실패의 아픔을 겪으면서 '겸손'이라는 인생의 중요한 덕목을 깨우치는 것이다.

인생의 성공이 무엇인가? 요즘 기준으로 보면 출세하고, 돈 많이 벌고, 대중 앞에서 박수갈채를 받은 사람들이다. 출생부터 집안 좋고, 잘 생기고, 머리도 좋아 일류 학교에서 공부 잘해 승승장구한 사람들 중에 이런 사람들이 많다. 요즘 말로 '금수저'를 입에 물고 세상에 나온 사람들이다. 우리는 이런 사람들을 부러워한다. 그러나 이들 모두가 우리의 부러움의 대상은 아닌 것 같다. 승승장구하던 사람도 갑자기 추락하는 비행기처럼 떨어질 때가 있기 때문이다.

1963년 11월 22일 미국 대통령 케네디(John F. Kennedy)가 텍사스 댈러스에서 피살되었을 때 그의 아내 재클린(Jacqueline Kennedy Onassis)의 나이는 34세였고 아들 케네디 2세는 겨우 만 3세였다. 그녀는 어린 아들에게 경제적으로 안정된 삶을 물려주기 위해 자기보다 23년이나 연상인 그리스 억만장자 선박왕 오나시스와 재혼했다. 재클린은 1994년 61세에 세상을 떠나면서 2천만 불이 넘는 유산을 아들에게 물려주었다. 그러나 아들 케네디 2세는 그 돈으로 유명 연예인들과 자유분방한 삶을 즐기다가 자신이 조종하던 자가용 비행기 사고로 아내와 같이 불귀의 낭떠러지로 떨어지고 말았다. 그때 그의 나이 38세였다.

부모로부터 거액의 재산을 물려받은 케네디 2세를 부러워할 사람도 많을 것이다. 그러나 케네디 2세는 자신의 노력으로 얻은 것이 아닌 부모가 물려준 그 재산, 소위 '금수저' 때문에 젊은 나이에 생을 불행하게 마감했다.

케네디 2세가 하늘을 날기 전에 샘 킨 박사처럼 서커스단장이라도 찾아갔더라면 그렇게 허무하게 떨어지지는 않았을지 모를 일이다.

떨어져 보지 않고 이기기만 하면서 성장기를 보낸 사람은 '겸손'이라는 덕목보다는 '교만'을 자신의 가치관으로 익힌다. 그들은 이기는 데는 익숙해 있을지 모르지만 남을 배려하는 겸손의 미덕에는 낯설다.

위로 나는 것만 알고 아래로 떨어지는 법을 배울 수 없는 문화, 옳은 것을 가르치기보다 남에게 이기는 것을 먼저 강조하는 문화, 그래서 받는 즐거움만 알고 주는 기쁨을 경험할 수 없는 문화, 이러한 문화에서 아픔도 겸손도 배우지 못하고 출세한 사람이 이 사회의 지도자가 된다면 이 사회는 어떻게 될까? 우리가 존경할 모델은 누구인가?

떨어져 보지 않고 공중을 나는 사람은 떨어지는 아픔을 모른다. 그러나 공중을 날기 위해 떨어지는 경험을 해본 사람은 공중을 나는 참맛을 안다. 떨어져 보지 않고도 떨어지는 방법을 배울 수는 있다. 그러나 그것은 떨어지는 방법에 대한 지식일 뿐, 인생의 의미 있는 경험이 될 수는 없는 것이다.

기다릴 줄
압니다

 사람에게 인격이 있듯이 산도 산 격이 있다고 한다. 산에 산 격이 있듯이 공원도 공원 격이 있을 것이다. 산의 격을 높이로 만 평가하지 않듯이 공원의 격도 넓이로만 평가될 것은 아닐 것이다. 도시공원은 아무래도 넓은 규모에 숲이 적당히 우거져 야 격이 높다고 하는 경우가 많다. 그러나 못지않게 중요하게 평가될 점은 공원을 이용하는 사람들의 공중의식이나 문화 수 준이다.

 우리 동네 공원은 인근 다른 동네 공원에 비해 넓은 규모에 숲이 잘 조성되어 있어서 격이 높다고 보아야 할 것 같다. 공 원 주변 주민들이 이 공원을 이용한다. 우거진 숲에서 나오는 맑은 공기, 깍깍대며 아침 인사를 하는 까치 부부들, 모이를 찾아다니느라 바쁜 산비둘기 부부, 그리고 참새들은 나의 산책 길을 즐겁게 한다.

 그러나 가끔은 기분이 언짢을 때도 있다. 목줄 없이 뒤뚱거 리며 걷는 못난 뚱보 개의 모습을 보는 순간이다. 개 주인은 즐거울지 모르지만 나는 아니다. 공원에 개를 풀어놓고 목줄만 들고 다니는 사람들을 볼 때 나는 지하철 ×× 생각이 떠오를 때도 있다. 그분들은 분명 그런 행동이 품위 있는 행동이 아니라는 것쯤은 잘 알고 있을 것이다. '그런데 왜?' 생각이 여기까지 이르면 "개 주인님 '공원이용준수사항'이나 한번 읽어보시면 어떨까요?"라고 말하고 싶지만 개 주인 얼굴을 슬쩍 보고 그냥 지나친다.

이런 날의 산책이 즐거울 리 없다. 품위 없는 분들이 기분을 망쳐놓았지만, 실은 나 자신이 진짜 원인이다. 그러든지 말든지 그냥 지나칠 일이지 그런 행동에 신경을 쓰는 내 소심한 성격이 문제라는 생각이 드는 것이다. 그러니 결국은 내가 나를 언짢게 하고 있는 꼴이다. 이런 너그럽지 못한 내 꼴이 나의 결점 보따리에 들어 있다.

헤르만 헤세(Hermann Hesse)의 노벨문학상 작품 『싯다르타』 생각이 난다. 소년 시절에 산 속에서 고행(苦行)을 끝내고 속세로 내려온 싯다르타가 처음으로 만난 사람은 조그마한 가게 주인이었다. 싯다르타는 가게 주인에게 요즘 말로 하면 '아르바이트'를 할 수 있느냐고 물었다. 가게주인은 "너는 무엇을 할 수 있느냐?"고 물었다. 싯다르타는 "금식할 줄 압니다. 참을 줄 압니다. 기다릴 줄 압니다" 이렇게 대답했다.

주인이 싯다르타에게 한 질문을 내가 받았다면 나는 무어라고 했을까? 청소를 잘한다고 했을까?

오늘 싯다르타의 대답을 들으면서 나는 평생을 두고 고치려고 다짐하지만 아직도 고치지 못한 내 '결점 보따리'가 생각난다. 그 하나는 상대방의 입장을 이해하기 전에 서둘러 판단해 버리는 버릇이고, 다른 하나는 다른 사람을 설득하려는 마음도 여유도 없는 조급함이다. 그러니 나는 싯다르타에 비하면 '참을 줄도 '기다릴 줄도' 모르는 결점 보따리를 등에 차고 있는 사람이다.

개 목줄을 풀어 놓든지 말든지, 공원 준수사항을 지키든지 말든지 왜 내가 그런 사람에 신경을 써서 내 마음을 편치 못하게 할까? 이런 사람도 있고 저런 사람도 있는 것이 세상이 아니던가? 그들도 언젠가는 자신들의 결점 보따리를 잘 볼 수 있도록 앞에 차는 날이 오지 않을까?

감사한 마음으로 숲이 주는 신선한 공기를 더 깊게 심호흡하며 하늘에 유유히 떠가는 구름이나 바라보자. 그런 사소한 남의 결점 보따리에 신경을 쓰지 말자. 싯다르타의 명언이 아니더라도 그런 정도는 초연할 나이가 되지 않았는가?

왜 애인을
쉽게 버릴까?

　'인스턴트 사랑'이라는 말이 있다. 사랑하는 사람들이 쉽게 만나고 쉽게 헤어진다는 말이다. 왜 그럴까? 그 답은 간단하다. '쉽게 얻었으니까' 또, '쉽게 얻을 수 있으니까.'

　나는 첫 번째 안식년 1년 동안 미국 남쪽에 있는 한 주립대학에서 연구를 하기 위해 머물렀다. 우리 가족은 학교 근처 좀 오래된 아파트 2층에 세 들어 살았다. 아래층에는 젊은 부부가 살고 있었다. 그 부부는 그 학교 학생들이었다. 그런데 내 생각에 이상한 일이 있었다. 우리가 그 아파트에 들어가 산 지 2개월쯤 되자 아래층 신부의 얼굴이 바뀐 것이다. 나는 마음속으로 미국 사람들은 쉽게 만나고 쉽게 헤어진다더니 그렇구나, 하고 그들의 문화를 이해한다는 차원에서 그 일에 신경을 끄기로 했다. 그런데 한 달쯤 지나서 나는 깜짝 놀랐다. 여자가 또 바뀐 것이다. 더욱 놀라운 것은 새로 온 여인이 40대로 보인다는 점이었다. 그런데 다시 한 번 나를 놀라게 한 것은 일주일 후에 40대 여인은 가고 그 전 젊은 여인이 다시 아파트로 돌아왔다. 나는 그 젊은 학생들과 "하이" 하며 지나가는 인사 정도는 하는 관계였지만 그 경위에 대해서까지 물어볼 만큼 허물없는 사이가 아니었기 때문에 자세한 내용은 궁금증으로 남겨둘 수밖에 없는 형편이었다. 그러다가 나중에 안 일이지만 그들은 부부가 아니었고 방세와 생활비를 절약하기 위해 같이 기거하는 룸메이트였다. 그리고 40대 여인은 잠깐 아들에게 온 남학생의 어머니였다.

'일 분이면 OK'라는 라면 광고가 요즈음은 사라졌다. 한 끼 식사가 1분이면 해결된다는 뜻이다. 우리는 매일 아침 종이팩에 든 우유를 마시고, 커피 머신에 100원짜리 동전 몇 개를 넣으면 손쉽게 커피를 마실 수 있다. 젊은 엄마들은 아기에게 천으로 만든 기저귀 대신 종이 기저귀를 채워준다. 사람들은 맞춤복 대신 기성복을 입으며, 인스턴트 식품을 먹고, 아파트에 살면서 생활의 편리성을 만끽한다. 우리는 만년필 대신 볼펜을 애용하며, 담뱃불을 붙이기 위해 일회용 라이터를 사용한다. 쓰다가 가스가 떨어지면 아낌없이 라이터를 쓰레기통에 버린다. 우유 종이팩도, 볼펜도, 아기 기저귀도 쓰이고 나면 여지없이 버림을 받는다.

왜 사람들은 쓰던 물건을 쉽게 버리고 쉽게 바꿀까? 그 답은 이렇다. 체인지(change)해야 신선하고 새롭기 때문이다. 우리는 유리병에 든 우유를 마시다가 언젠가부터 종이팩에 든 우유를 마시게 되었다. 왜 그럴까? 그 답은 이렇다. 종이팩에 든 우유가 유리병에 든 우유보다 위생적이고 어디서나 쉽게 얻을 수 있고 휴대가 간편하기 때문이다. 이러한 '편리성'을 좋아하는 우리의 생활습관은 널리 퍼져, 이제는 우리 사회에 쉽게 얻고 쉽게 버리는 인스턴트 문화가 보편화 되었다.

성격 형성과 가치관은 문화의 영향을 받기 마련이어서 버리는 문화 속에서 사는 우리는 모든 것을 쉽게 버린다. 귀찮은 것은 싫고, 싫으면 버린다. 친구도 애인도 자식도 부모마저도 쓸모 있을 때는 중요하게 생각되지만 쓸모없으면 싫어지고, 싫어지면 버린다. 이 모두가 편리한 것을 좋아하는 현대인의 가치관에서 나온 것이다. 현대인들은 귀찮은 것은 질색이다. 자유를 만끽하고 싶다. 그래서 귀찮은 것, 쓸모없는 것은 모두 버려진다.

'버리는 문화'는 '편리성'을 만끽하고자 하는 마음에서 나온다. 이 문화 때문에 자동차, TV, 핸드폰 등 생활용품은 1세대, 2세대, 3세대, 4세대로 계속 발전한다. 더 편리하고 새로운 것이 나오면 이전 것은 버려진다. 그래서 버림은 발전과 변화를 가져오게 한다. 어디까지 갈지는 모르지만…

작년 인공지능 알파고(Alpha Go)와 이세돌 9단의 바둑 게임에서 알파고가 승리했다. 알파고의 승리는 단순히 이기고 지는 게임 이상의 무엇을 우리에게 시사한다. 미국의 하이테크 로봇 업체인 보스턴 다이내믹스(Boston Dynamics) 홈페이지에 들어가 보면 인간처럼 움직이는 로봇의 등장이 머지않았음을 보게 된다. 이 로봇에 알파고와 같은 인공지능을 이식하는 날도 머지 않은 것 같다. 그렇게 되면 이 세상은 얼마나 변화될까? 그리고 인간의 운명은 어떻게 될까?

이스라엘 히브리대의 유발 하라리(Yuval Harari) 교수는 알파고가 전문직에까지 인간의 영역을 주도하게 된다면 2050년에는 70억 인구가 '밥만 축내는 존재'로 전락할 것이라는 예측을 했다. 이 말은 이 시대에서 능력 없는 사람은 쓸모없는 물건처럼 쓰레기 취급을 받는 존재로 전락할 것이라는 것을 의미한다.

편리성을 만끽하고자 하는 인간의 취향은 인스턴트 문화를 낳게 했고 인공지능 로봇의 등장까지도 앞당기고 있다. 그리고 인간과 꼭 닮은 로봇이 인간과 결혼하여 잘살고 있는 모습을 그린 영화 '바이센테니얼 맨'까지 나와 우리의 마음을 설레게 한다. 편리성을 사랑하는 현대인들은 이 영화에 더 관심이 많을 것 같다. 그리고 '인스턴트' 사랑을, 식품을, 생활용품을, 물건들을 더 좋아할지도 모르겠다.

그러나 '버리는 문화'에서 발전된 풍요한 세상이 우리의 삶을 편리하게 할지는 모르지만, 결과적으로 인간이 쓰레기처럼 쓸모없는 로봇이 되어가고 있는 것은 아닌지 걱정도 된다.

그러나 로봇 때문에 사랑을 망칠까 겁낼 필요는 없을 것 같다. 인간과 로봇과는 근본적으로 차이가 있기 때문이다. 로봇에는 정(情)이 없지만 인간에게는 신(神)으로부터 받은 정이 있다. 인간은 편리한 것을 좋아하지만 동시에 순수한 정을 사랑한다. 그리고 인간의 삶의 본성은 사랑이고 사랑은 이 정에 바탕을 두고 있다.

향기 없는 꽃에 나비가 앉지 않듯이 정이 없는 인스턴트 사랑에는 진정한 사랑의 나비가 날아오지 않는다. 꽃이 색과 향기를 통해 벌을 불러와 사랑을 나누듯이 인간의 사랑은 정과 정이 오가는 마음을 통해 꽃이 핀다. 인간의 마음의 본질이 정이기 때문이다.

정, 지혜, 믿음, 소망, 꿈, 낭만, 사랑, 아름다움, 자연 속에서 순수해지는 마음, 슬픔, 희생, 죽음에 대한 불안 등 인간의 본성은 신의 형상으로 창조된 인간에게만 주어진 특성이다. 그러나 알파고 로봇이 인간의 삶을 위협한다고 해도 그것의 모든 특성은 모두 인간이 만든 것이 아닌가.

꽃의 향연

나비는 알고 있을 거야
꽃의 맵시를
화사하게 미소 지으며
향기를 풍기고 있는 그 고운 맵시를

벌들은 알고 있을 거야
꽃의 속셈을
향기로 꿀로 나비들을 유혹하여
암술과 수술이 만나 사랑하려는 그 속셈을

벌 나비들은 알고 있을까?
꽃의 눈물을
열매를 잉태하려고
꽃잎을 뚝뚝 떨어뜨리는 그 아픔을

땅은 믿고 있을 거야
꽃의 약속을
벌 나비들의 서운함을 달래주려고
내년 봄에도 다시 오겠다는 그 약속을

정조는
누가 지켜줄까?

한국 아이들은 '양심'적이고 미국 아이들은 '자아이상'적이라는 말을 많이 듣게 된다. 자라면서 겪게 되는 의무감을 강조하는 문화와 격려를 아끼지 않는 문화의 차이에서 오는 결과로 보인다. 이러한 문화 차이 때문인지는 모르나 분명한 것은 우리의 전통은 자율성보다는 규제와 강제에 의해 행동하는 문화라는 점이다. 자율성 문화와는 달리 강제문화는 강제를 풀면 질서가 허물어져 버리는 특징이 있다.

미국 애리조나 주 북서부에 있는 그랜드캐니언(Grand Canyon)은 웅장하고 거대한 세계적인 협곡이다. 오늘도 수천 미터 낭떠러지, 이 아찔한 협곡을 보기 위해 세계 각지에서 모여든 수많은 관광객들이 줄을 잇고 있다. 그랜드캐니언은 처음에는 바다였는데 수억 년 전 일어난 지구의 지각변동과 자연의 풍화작용으로 협곡이 탄생했다고 한다.

그런데 이 협곡에 이상한 점이 있다. 이 어마어마한 위험지역인 이 협곡 어디에도 위험방지 철책이나 추락 주의 푯말 같은 경고 메시지를 볼 수 없다는 점이다. 우리나라 같으면 이 위험지역에 안전 철책을 친다거나, 위험을 알리는 푯말을 세워 놓았을 것이다. 그런데 그랜드캐니언에는 그런 것들이 어디에도 없다. 만약 그곳을 여행하는 사람들 중에 누가 실수로 떨어져 사고를 당했다면 어떻게 될까? 우리 같으면 관계 장관이나 치안책임자가 문책을 받을지도 모른다. 그보다 매스컴이 시끄럽게 떠들어 댈 것이다. 그러나 미국의 경우는 누구도 관계 장관이나 관계 공무원에게 책임을 묻지 않는다는 것이다. 왜 그럴까? 그 대답은 간단하다. 그것은 자율성의 문제라는 것이다. 위험한 곳에 왔으면 스스로 주의를 기울여 자기 자신을 보호해야 한다는 것이다.

서울 장안에 해병대 중위 계급장을 달고 장교행세를 한 잘생긴 청년이 있었다. 그는 여대생, 귀부인 등 아름다운 여인들과 열렬한 사랑을 나누었다. 당시 매스컴에서는 그 청년을 103명의 여인을 유혹했다는 돈주앙(Don Juan)에 비유했으니 그의 연애 수완은 대단했던 것 같다. 그 청년을 진실하게 사랑한 한 여인이 추행당했다는 것을 뒤늦게 알고 분하게 여겨 그 청년을 고소하여 그가 법정에 서게 되었다. 이 사건은 매스컴에서 크게 보도되었기 때문에 그 청년과 관계를 가졌던 많은 여인들은 물론, 재판을 지켜보는 세인들에게도 크나큰 관심거리가 되는 게 당연했다. 따라서 재판 결과에 대한 세인들의 관심은 상당히 높았던 것으로 기억된다.

당시 이 사건을 담당한 조 모 판사는 1심에서 다음과 같은 명판결을 내렸다. "스스로 지키지 않은 정조는 국가가 지켜줄 의무가 없다" 따라서 그 청년은 무죄였다. 이 사건에서 재미있는 것은 당시 재판의 판정 전까지만 하더라도 매스컴이나 세인들은 "그런 나쁜 놈은 엄벌해야 마땅하다"는 분위기였는데, 이 명판결문이 매스컴에 보도된 후에는 세인들도 모두 여인들에게 문제가 있다는 분위기로 바뀌었다는 점이다. 자신의 정조가 중요하다고 생각되면 스스로 지켜야 한다는 분위기로 바뀐 것이다. 이 사건은 한국사회에 자율성에 대한 적잖은 파장을 남겼다고 생각된다.

프로이트의 말을 빌리면 인간은 어떤 행동을 할 때 마음속에 도덕의식 슈퍼이고(Super-ego)와 본능 이드(Id)가 서로 싸움을 한다고 한다. 슈퍼이고는 언제나 '바른 선택'을 위해 이성과 도덕의 편에 서지만 이드는 항상 '자기충족'을 위해 충동이나 방종의 편에 선다. 슈퍼이고는 마음에게 '인내하라'는 고통을 요구하지만, 이드는 인내는커녕 희열을 준다. 이러한 상반된 이성과 감정이 결합된 인간의 마음은 항상 신과 악마와의 싸움터가 된다.

인간은 늘 자신의 행동이 이성적으로 결정된다고 믿는다. 그러나 그것이 착각인 경우가 많다. 왜냐하면 인간은 결정적인 순간에 이성을 잃고 감정적으로 행동하는 존재이기 때문이다. 인간은 '감정의 동물'이라는 뜻이다. 사람들은 종종 "나는 감정에 충실했다"는 말을 한다. 그리고 그 감정이 합리적이라고 믿는다. 그러나 그 말은 합리적으로 타당하지 않다. 합리적인 결정은 감정과 이성이 조화롭게 결정된 결과물이어야 하기 때문이다.

인간은 늘 사랑에 속고 행복에 속는다. 여인들을 유혹한 청년은 사랑이라는 이름으로 여인들을 속이고 자신도 속았다. 유혹에 넘어간 여인들은 행복이라는 꿈 때문에 가면을 쓴 사랑에 속은 것이다. 그들은 모두 자신들의 행동이 이성적으로 옳은 선택이었다고 믿었으나, 그것은 사랑이라는 가면을 쓴 자유가 아닌 방종이었다. 신이 아닌 악마에게 진 셈이다.

스스로 지키지 않는 정조는 국가도 지켜주지 않지만 하느님도 지켜주지 않는다.

인생,
연습이 있을까?

　사람들은 건강을 위해 혹은 취미로 운동을 한다. 나도 건강을 위해서 테니스를 한다. 테니스를 하기 전에는 조깅을 했었다. 그런데 나의 조깅은 '하다', '말다'를 반복하다 결국 '말다'로 끝이 나고 말았다. 그 이유는 순전히 나의 인내심 부족 같지만, 어느 날 생각해보니 조깅을 '재미'가 아니라 '의무'로 하고 있다는 것을 알았기 때문이다. 취미는 재미로 하는 것이 정답이다. 그래서 나는 그 후에 건강을 위해 재미를 느끼면서 할 수 있는 운동으로 테니스를 선택한 것이다.

　나는 테니스를 배울 때 '벽치기'부터 시작했다. 레슨을 받을 경제적 여유도, 마땅한 곳도 발견하지 못했기 때문이었다. 다행히 그때는 테니스 코트마다 '벽치기' 시설이 있었다. 벽치기 시설은 테니스를 처음 배우는 초보자에게 필요한 시설이지만, 테니스를 오랫동안 한 사람도 시합 전 '워밍업'을 하려면 필요한 시설이다. 무엇보다 벽치기는 테니스를 같이 할 상대가 없을 때 혼자 공을 벽에 쳐서 땀을 흘릴 수 있다는 것이 장점이다. 그런데 요즘 테니스장에서는 벽치기 시설을 볼 수 없다. 참으로 섭섭한 일이다.

벽치기는 벽을 향해 공을 치면 그 공이 벽에 맞고 다시 되돌아온다. 자신이 던진 '부메랑'이 자신에게로 돌아오듯, 주인이 공을 던지면 충견이 뛰어가 공을 물어다 주인에게 주듯. 그런데 충견은 가끔 실수를 하지만 테니스공은 보낸 대로 어김없이 다시 되돌아온다.

불교에서는 현생에서 부자로 사는 것도, 가난뱅이로 사는 것도, 좋은 남편과 부인을 두는 것도, 공부 잘한 아들을 두는 것도, 모두 자기의 전생의 '업보'에 따라 결정되었다고 믿는다. 그러므로 인생은 '윤회환생(輪回還生)'이라는 것이다.

나는 '벽치기'와 '업보'가 유사하다는 것을 느낀다. 업보는 전생의 업(業)이 이생에 나타나는 결과이지만, 벽치기는 공을 치는 사람의 폼의 결과물이다. 그러므로 나는 벽치기를 하면서 내가 친 공이 옆으로 튕겨 나가더라도 그 공을 탓하지 않는다. 왜냐하면, 내가 잘못된 폼으로 그 공을 쳤다는 것을 스스로 알고 있기 때문이다. 그것은 어쩌면 인생의 삶에서 어떤 아픔도 남의 탓으로 돌리지 않고 자기의 탓으로 돌린다는 불교의 업보와 맥이 같을지도 모른다.

한때 '내 탓이요'란 스티커를 붙이고 다닌 차들이 있었다. 그것은 김수환 추기경님이 벌인 '내 탓이요' 캠페인 때문이었다. "내 탓이요, 내 탓이요, 온전히 내 탓이로소이다(Mea culpa, mea culpa, mea maxima culpa)" 천주교의 고해송에는 '네 탓'이 없다. 오직 '내 탓' 뿐이다. 그것은 스스로 죄인임을 고백하는 것이다. 그러나 그 아름다운 스티커를 붙이고 다니던 차들의 '내 탓 캠페인'은 사회 전반으로 번져가지는 못했다. 많이 아쉽게도….

하루는 어떤 아버지가 아들을 불러놓고 "미국 대통령 오바마는 고등학교 시절 전교에서 1등을 놓쳐 본 적이 없었단다. 그런데 너는 너의 반에서 몇 등이지?" 하고 핀잔 비슷하게 물었다. 아들의 대답이 가관이었다. "오바마는 아버지 나이에 대통령이 된 것으로 알고 있는데요" 아버지와 아들의 이 대화는 한 우스개이지만 아들의 DNA는 아버지의 DNA란 의미를 상징적으로 시사한다. 아들은 아버지가 친 '벽치기 공'이나 다름없는 것이다.

모델 학습 이론가들은 교육의 원초적인 방법은 모방에 있다고 말한다. 자식에 대한 확실한 교육은 부모가 부지런하고 착하게 사는 모습을 보여주는 것 외에는 없다는 것이다. 이 세상에 공짜는 아무것도 없는 것 같다. 공들이지 않고 자식이 잘되기를 바라는 것은 도깨비 꿈이다.

벽치기처럼 인생도 연습이 있었으면 좋으련만, 아무렇게나 기분 내키는 대로 공을 치듯 살아볼 수 있었으면 좋으련만, 그럴 수 없는 것이 인생이다. 자녀와의 관계도 그렇고, 직장 동료들과의 관계도 그렇고, 부부와의 관계도 연습은 없다. 오늘의 삶의 업보라는 공을 어떻게 어디로 쳐 보내야 할까? 우리에겐

오직 '라켓을 바로 잡고 올바른 폼으로 스윙을 해야 하는 다짐'
이 있을 뿐이다.

'부메랑', '업보', '부자간의 DNA', '벽치기' '내 탓이요'란 단어
들의 의미를 되새기면서 나는 오늘도 테니스 코트에서 사라진
'벽치기' 벽을 아쉬워하며 공을 쳤다.

이기주의는
인간의 본성인가?

　행동주의 심리학자들은 행동이 마음을 결정한다고 하지만 정신분석학자들은 인간의 모든 행동은 마음에 의해 좌우된다고 주장한다. 정도의 차이는 있지만 누구나 마음속에는 이기심과 이타심이 공존한다. 그래서 인간의 행동은 그 사람이 이기적이냐 이타적이냐에 따라 달라진다고 본다.

　자연의 질서 안에 있는 모든 생명체는 경쟁을 하면서 살아간다. 식물은 햇빛을 더 받기 위해 주변 다른 식물과 경쟁을 하고 동물은 태어나는 순간부터 어미젖을 더 먹으려고 형제를 밀치면서 자란다. 이것이 적자생존이며 '자연의 질서'이다.

　인간의 삶도 경쟁질서이다. 남보다 더 열심히 공부하여 좋은 학교에 다니고, 남보다 더 열심히 일하여 경쟁의 대열에서 밀려나지 않고 더 잘살려는 마음은 인간의 본성이다. 그리고 그것은 자연스러운 것이다. 이것이 곧 나를 위해 사는 위아사상(爲我思想)이라고 할 수 있다.

　호서대 김시천 교수(동양철학)는 『이기주의자를 위한 변명』이라는 책에서 "이기주의는 참으로 자기를 위하는 길이자 보편적 인간의 근본 성향으로, 이기적 욕구는 억압의 대상이라기보다 충족의 대상이 되어야 한다"고 쓰고 있다.

"남이 아닌 '나'를 위해 살아라" 일찍이 공자(孔子)님은 '자신을 위해 공부하라'는 위기지학(爲己之學)의 중요성을 설파했다. 한비자(韓非子)는 "자신의 행복을 먼저 생각하고 나라를 위하는 삶이 생명사상의 근원이며, 자신의 행복도 지키지 못하면서 국가와 사회를 논한다는 것은 어리석은 짓이다"라고 말했다.

기원전 440년 중국 전국시대의 양주(楊周)는 "내 터럭 하나를 뽑아 온 천하를 이롭게 할 수 있다 해도 나는 그렇게 하지 않겠다"는 말을 했다고 한다.

이기주의와 상반된 이타주의는 맹자(孟子)의 인의사상(仁義思想)에 잘 나타나 있다.

왕도정치를 주장한 맹자는 인간은 위아보다는 인의의 삶을 사는 것이 인간의 도리라고 말했다. 그리고 그는 양주를 "남을 위해 희생할 줄 모르는 파렴치한 인간"이라고 폄훼했다. 맹자의 인의사상은 양혜왕과의 대화에서 잘 나타나는 것 같다.

맹자가 양혜왕을 찾아왔다. 왕이 맹자에게 "천 리 길을 멀다 않고 찾아와 주시니 앞으로 이 나라에 이익을 주려 하십니까?" 맹자가 대답했다. "왕께서는 하필이면 이익을 말씀하십니까. 오직 인의가 있을 뿐입니다. 왕께서 나라의 이익만을 생각하시면 대신들은 어떻게 하면 내 집이 이로울까를 생각하며,

선비나 백성들은 자기 한 몸의 이익밖에 생각하지 않습니다. 윗사람이나 아랫사람 모두가 서로의 이익만을 취하게 되면 나라는 위태로워질 것입니다"라고 말했다.

태평양 동쪽에는 남미와 북미가 있다. 남미는 아직도 후진국에 속하지만 북미는 잘사는 선진국이다. 두 나라의 경제규모나 삶의 질의 차이는 조상들의 가치관과 생활양식에서 비롯되었다고 한다.

남미의 조상들은 금을 찾아서 간 사람들이었지만, 북미의 조상들은 신앙의 자유를 찾아서 간 사람들이었다. 따라서 두 지역 조상들의 생활양식은 달랐다. 남미의 조상들은 개인과 가족을 위해 열심히 일하는 위아사상에 바탕을 둔 생활양식으로 살았지만, 북미의 조상들은 "이웃을 네 몸과 같이 사랑하라"는 하느님의 계명에 따라 서로 돕는 애타적인 생활양식을 선택하여 살았다. 그 결과 위아를 기본으로 한 남미에 비해 인의를 기본으로 한 북미는 세계에서 가장 잘 사는 나라가 되었다.

그럼에도 불구하고 위아사상, 이기주의는 이 사회에서 반석처럼 탄탄하다. 남보다 더 열심히 공부하고 일하여 더 잘 살려는 마음은 '다원주의' 신봉자들의 주장이 아니더라도 자본주의 사회에서 누구에게나 자연스럽게 받아들여지는 보편적 가치관이기 때문이다.

그러나 자본주의 사회에서도 이기주의에 대한 비판의 목소리도 높다. 그 이유는 너도나도 자신이 이익만을 위해 이기적인 행동만을 고집한다면 이 사회는 어떻게 될까? 반대로 너도나도 상대가 서로를 존중하는 방향으로 마음을 쓰고 행동한다면 이 사회는 어떻게 될까? 전자 집단에서는 서로가 서로를 경계하고 미워하는 집단이 될 것이지만 후자 집단에서는 서로 돕는 집단이 되어 건강한 집단으로 발전될 것이다.

왜 그럴까? 그것은 인간이 이타적이어서가 아니라 이기적이기 때문이다. 자본주의는 이기적인 질서를 바탕으로 세워진 질서이다. 그러나 인간사회는 동물의 세계에서와는 달라서 개인의 이익만을 위한 사회가 아니라 서로 돕는 공동운명체일 수밖에 없기 때문이다. 그런 의미에서 맹자의 양혜왕과의 대화에서 "의가 아닌 개인의 이익만을 생각한다면 나라는 위태롭게 될 것"이라는 말은 의미가 있다.

나폴레옹, 드골, 빅토르 위고 등의 전기소설과 역사서 등 100여 권의 저서를 낸 유럽의 지성인 프랑스의 막스 갈로(Max Gallo)는 이렇게 말했다. "자본주의는 개인의 이익에 따라 움직이지만, 개인의 절대적 이익만 추구한다면 혼란이 초래된다. 극단적 개인주의는 연대감과 공유감을 잃어버리고 사회를 혼란 속으로 몰아넣어 정부는 조절능력을 상실하게 된다" 갈로의 이 말은 이기주의가 사회를 지배하는 이 시대의 우리에게 무엇을 시사할까?

지구여 멈춰라,
나는 내리고 싶다

독일의 염세주의 철학자 쇼펜하우어는 "자살은 개인의 절대적 권리"라고 예찬했다. 그런 그의 침대 밑에는 언제나 권총이 있었다. 자살용이었을까? 자살용이 아니라 호신용이었다고 한다.

쇼펜하우어의 말처럼 자살은 개인의 권리로 예찬받을만한 행동일까? 성서에는 자살은 '살인행위'이라고 기록되어 있다. 그럼에도 불구하고 많은 사람들이 오늘도 스스로 목숨을 끊는다. 도대체 왜 천하와도 바꿀 수 없는 고귀한 생명을 스스로 버릴까? 그 이유는 무엇일까?

꿈 많은 시절 인생의 허무함을 느낀 한 소녀는 가장 아름답게 죽는 방법을 생각했다. 그리고 친구에게 이렇게 글을 보냈다. "어디선가 읽은 기억이 나는데 백합꽃 수백 송이를 방에 두면 백합의 강한 향기에 취해 서서히 죽을 수 있다더라. 멋있지 않니?"

왜 이들은 죽음의 강가를 서성일까?

괴테는 죽어가면서 82세의 생이 아쉬워 "나에게 햇빛을 더"라

반 고흐, '자화상'

고 했는데, 어네스트 헤밍웨이는 62세의 나이에 권총으로 자신
을 쏘았다. 버지니아 울프는 남편에게 유서를 남기고 자신의 외
투 주머니에 돌을 집어넣고 강으로 몸을 던졌고, 랜델 제렐도 시
인 하트 크레인도 그들의 고귀한 생을 자살로 마감했다.

이들은 왜 고귀한 생명을 스스로 그렇게 끝을 내야 했을까?

정신분석학자 프로이트는 인간은 '삶의 본능과 죽음의 본능(sexual drive & aggressive drive)의 존재'라고 했다. 살려는 의지와 죽으려는 충동이 서로 갈등하며 살아가고 있는 것이 인간의 본능이라는 것이다. 그 갈등에서 나타나는 심리적 기제가 우울증이다.

우울증은 왜 오는 것일까?

심리학자들은 우울증의 원인을 성격에서 찾는다. 자살한 사람들의 심리적 특징은 머리가 우수하고 예민하고 예능적으로 우수하고 부정적인 성품을 지니고 있으며 우울증이 있다는 것이다. 이러한 사람 중에는 네덜란드 천재 화가 빈센트 반 고흐(Vincent van Gogh)가 있다. 그의 친구이자 후원자였던 줄리앙 프랑수아 탕기(Julien Francois Tanguy)는 고흐가 늘 우울증에 시달렸다고 했다.

고흐는 27세였던 해 7월, 보리밭 사이를 천천히 걸어 들어가 고개를 들어 태양을 바라본 후 권총으로 자신을 쏘았다. 그가 세상을 떠난 지 100년이 지났지만 지금도 많은 사람들은 그를 아쉬워한다.

사회학자들은 우울증의 원인을 사회관계에서 찾는다. 사람들은 누구에게나 열려있는 사랑, 돈, 출세가 자신에게도 열려있다고 믿는다. 그리고 그것을 얻는 것이 행복의 수단이라고 믿는다. 그러나 그 행복의 꿈은 경쟁사회에서 그렇게 쉽게 얻어지는 것이 아니어서 실패할 경우 좌절을 경험할 수 있다. 그럴 때 나타나는 것이 우울증이다. 우울증은 무망감이다. 꿈도 소망도 모두 상실해 가는 마음의 상태가 무망감이다. 죽음의 본능이 삶의 본능을 지배하는 순간이다.

우울증에 시달린 사람들은 현대 사회의 뒤엉킨 소용돌이 물결에서 헤쳐 나가지 못하고 튕겨 나간 아웃사이더들이다. 어찌 보면 그들 스스로 자신을 버린 것이 아니라 이 사회의 거대한 소용돌이 물결이 그들을 지구에서 뛰어내리게 했을지 모른다.

'지구여 멈춰라, 나는 내리고 싶다(Stop the world, I want to get off).' 언젠가 뉴욕과 런던에서 동시에 크게 히트한 적이 있는 뮤지컬의 제목이다. 이러한 뮤지컬이 크게 히트한 일은 혼란한 소용돌이 사회에 뒤엉킨 현대인들의 마음에 큰 위안을 주었기 때문이었다고 엘빈 토플러는 평했다. 사랑, 이혼, 경쟁, 출세, 실패 등 자고 나면 새로운 뉴스거리로 요동치는 사회에서 우리는 심리적으로 좌절, 소외, 불안, 우울을 경험하면서 때로는 지구가 너무 빨리 돌아가고 있다고 착각하며 살고 있는지 모른다.

인생을 아무렇게나 사는 것이 아니라 아름답게 살고 싶은 꿈이 있는 사람들은 이렇게 복잡한 세상에서 더 적응하기 힘들었을 것이다. 그래서 더더욱 여유를 가지고 자신의 인생을 살아낼 수 없었을지 모른다. 인생은 "살아가는 것이 아니라 살아내는 것이다"라는 말이 있지만, "삶을 살아내려고 너무 서두르지 말라"

는 말도 있다. 인생은 어차피 도망치듯 달려가지 않아도 예정된 곳으로 흘러가는 것인데 그렇게 서둘러 달려갈 일이 무엇이랴. 모든 것은 지나간다. 아픔도 기쁨도 반드시 지나간다.

삶을 너무 서두르며 살아가는 사람에게는 지구가 너무 빨리 돈다고 느낄 수 있다. 무엇에 쫓기듯 살아갈 수밖에 없는 것이 현대인들의 운명 같은 것일지 모르지만 너무 급하게 달려가다 보면 내 영혼이 미처 달리는 나를 따라갈 수 없지 않겠는가?

"성공하려고 필사적으로 서두르지 말라. 앞서가는 다른 사람과 보조를 맞추기 위해 뛸 필요가 있을까? 사과나무가 떡갈나무와 같은 속도로 성장해야 한다는 법도 없다. 남과 보조를 맞추기 위해 자신의 봄을 여름으로 바꾸기라도 해야 할까?" 헨리 데이비드 소로(Henry David Thoreau)의 말이다.

웃기는 이야기를 하나 하면서 이 글을 맺으려 한다. 어느 날 S대학교 P교수가 서재에서 한 학생을 맞이했다. 그가 큰절을 하고 나더니 "선생님 저는 죽으려고 합니다. 저같이 밥만 축내는 인간은 살만한 가치가 없다고 생각합니다" 눈을 지그시 감고 학생의 말을 듣고 있던 교수는 서서히 일어나더니 책장 옆에 세워둔 몽둥이를 들고 와서 "그래 죽으려면 나한테 맞아서 죽어라" 하시며 그 학생을 내리치셨다는 것이다. 그때 두 손으로 머리를 가리며 "선생님이 사람 죽이네"하며 도망갔던 학생이 1년쯤 후에 찾아와 "선생님 저 공부 잘하고 있습니다. 감사합니다"라고 인사를 했다고 한다. 선생님은 그 학생이 죽고 싶은 것이 아니라 누구보다 아름답고 가치 있게 살고 싶다는 것을 알았을 것이다. 그 학생이 이 글을 본다면 감회가 어떨까?

만약 죽음의 강가를 서성이고 싶은 사람이 있다면 P교수 같은 분을 한번 찾아가 보면 어떨지?

사 랑

올 이도 갈 이도 없는
홀로 든 밤. 누군들
사랑을 원망하지 않았으랴

뚝뚝 떨어지는
목련 꽃 같은 눈물이 고여
가슴에 웅덩이로 남지 않았으랴

사랑은
그렇게 왔다가 가면서
가슴에 멍들게 하고
왜 그리움이 되는 것인가

아픔도 원망도
모두 떠나갔는데

왜 그리움은
기다림으로 남는가?

봄이 가고 겨울이 가고
봄이 또 오면
또 기다림은
무엇으로 남을 것인가?
이 가슴에

Chapter 4.

향수, 행복한 판타지

향수, 행복한 판타지

인생은 아름답다.

젊음은 꿈과 소망이 있고 늙음은 추억과 향수가 있지 않은 가! 그러나 인생은 아픔도 있는 것. 꿈과 소망의 젊음은 아름 답지만 방황과 고뇌의 아픔이 있고, 추억은 노후를 위로하는 향수이지만 덧없는 세월의 허무의 노래이기도 하다.

그리움과 추억은 인생의 노래다. 그리움은 기다리는 마음의 노래이고 추억은 지나간 마음의 노래이다. 이 노래는 삶이 꼭 여유가 있을 때 부르는 노래는 아니다. 오늘이 힘들수록 그리 움은 소망으로 추억은 향수로 삶을 위로하는 노래다.

고향으로 돌아갈 수는 있어도 어린 시절로 돌아갈 수는 없다.

만약 신이 미래행 기차와 과거행 기차를 만들어 놓고, 어느 차 에 오를 것인가 선택의 기회를 준다면 다른 사람들은 망설일지 모 른다. 그러나 나는 망설임 없이 과거행 기차에 오를 것이다.

어린 시절 잡았던 송아지 고삐를 다시 잡아보고 싶고, 소 꼴 망태기도 어깨에 메어보고, 여름밤 동네 친구들과 할아버지 참외밭에 몰래 들어갔던 그곳으로도 가보고 싶다.

　　추억은 돌아오지 않는 기다림 같은 것
　　향수는 눈물 어린 그리움 같은 것
　　소의 친구였던 소년 시절도
　　방황하고 고뇌하던 젊음도
　　오늘은 모두 향수의 노래다.

　송아지와 아버지, 순이와 철수, 코스모스 길 원두막, 친구들과 놀다 넘어져 피 흘린 무릎을 호호 불며 눈물을 참던 소년. 공원 벤치에 누우면 이런저런 일들이 가을 하늘 떠가는 구름 속에서 꿈처럼 흘러간다.

과거행 기차를 타고

고향으로 돌아갈 수는 있어도
소년 시절로 돌아갈 수는 없다
그러나 '과거행 기차'를 타면
허수아비가 서 있는
고향 논두렁에 한 소년이 보인다

과거행 기차를 타면
개울에서 첨벙대는 개구쟁이들
그러나 마나 강태공은 연못에 낚싯대를 드리우고
건너편 밭에 쟁기질하는 아저씨의
이랴 차차 고함소리 메아리 되고

어린이도 밥값을 하는 시절
학교에서 돌아오면 책 보자기는 방구석에 던져놓고
소 풀을 뜯기는 소년
해가 서산에 넘어갈 때까지
소 꽁무니를 따라다니는
소의 노예가 되었다네

철수와 순이를 만나
모닥불 피워 놓고 밀 보리 콩 구워 먹다
눈썹까지 그을려 버렸지
그을린 눈썹을 만지며 순이는 울고 있는데
철수와 소년은 깔깔대고 웃었다네
서로 숯 검둥이라고 놀리면서

과거행 기차를 타면
고개 숙인 황금 들녘
허수아비가 춤을 추고
꼴망태기를 등에 메고 끙끙대며
논두렁을 걸어가는 소년이 보이네

소의
노예 소년

　나의 부모님은 일찍 돌아가셨다. 내가 어려서 돈을 못 버는 나이에 돌아가셨으니 효도 한번 받아보시지 못하고 가셨다. 나는 부모님 제사 때에 절을 올리는데, 아버지 제사 때에는 두 번씩 절을 하지만 어머니 제사 때에는 절을 세 번씩 올린다. 세 번째 절은 돌아가실 때까지 내가 어머니께 저지른 잘못을 고백하지 못한 고백의 절이다.

　나는 어렸을 때, 도시 아이들은 학교에서 돌아오면 오후 시간을 어떻게 보내는지 궁금했다. 시골에서 자란 나는 학교에서 돌아오면 해가 선산에 넘어갈 때까지 소 풀을 뜯겼다. 소에게 풀을 뜯기며 소 꽁무니만 따라다니는 소의 노예였다. 하루는 소 꽁무니가 너무 지겨워 아버지께 투정을 부렸더니, 아버지께서 낫과 꼴망태기를 주시며 소 꼴을 베어 오라고 하셨다. 그때부터 나는 학교에서 돌아오면 소 꽁무니와 소 꼴 망태기를 놓고 선택해야 하는 운명이었다. 그러나 대부분 나의 선택은 소 꽁무니였다.

지금 생각하면 그때 꼴망태기 말고 소 꽁무니를 선택한 것이 다행이었다고 생각된다. 그때 나는 소의 노예였지만 소가 내 친구가 되어줄 때도 있었다. 나는 내 친구 소와 많은 대화를 했던 것 같다. 칭찬도 하고 쓰다듬어 주기도 하고 냇가에서 목욕을 시켜주는 때도 있었지만 기분이 언짢을 때는 소가 푸념의 대상이었다. 소는 그런 나의 행동을 모두 받아 주었다.

하루는 기말고사 성적을 망치고 선생님에게 꾸중을 듣고 와서 울면서 "다 너 때문이야" 하고 소의 잔등과 배를 고삐로 마구 후려쳤지만 소는 별로 놀란 기색도 없이 풀만 뜯고 있었다. 그때 그놈이 슬퍼하는 나를 알아보고 그랬는지 아니면 그동안 정이 들어 나를 봐주었는지는 모르지만, 지금 생각하면 소는 나보다 한 수 위였던 것 같다. 지금도 시골에서 풀을 뜯는 소를 보면 그때 나의 노예생활이 향수로 다가온다.

학교에서 돌아와 친구들과 놀고 싶은 시간에 해가 서산에 넘어가도록 소 뒤꽁무니만 따라다니는 것은 즐거운 일은 아니었다.

학교 숙제가 있는 날에도 기말고사 기간에도 나의 '소 꽁무니 의무'는 예외가 없었다. 소 뒤에서 어쩌다 책을 펼쳐 볼 때도 있었지만 배운 내용을 한번 겉핥기로 볼 수밖에 없었다. 왜냐하면 소고삐를 한번 잡으면 소와 나는 서로 감시하는 관계가 되기 때문이다.

소는 내가 책을 보는지 자기를 감시하는지 아주 잘 알고 있다. 그놈은 내가 책을 본다거나 졸고 있으면 금방 알아차리고 뒤를 흘끔 돌아본 후에 옆에 있는 밭곡식을 뜯어 먹는다. 그럴 땐 나는 고삐를 잡아채며 소에게 벌을 준다. 지금 생각하면 내가 너무했다는 생각이 든다. 아마 소는 그럴 때마다 "우리 꼬마는 커서 무엇이 되려고 저리 깐깐할까. 좀 모른 척해주지" 그렇게 푸념했을 것 같다.

초등학교 4학년쯤인 것 같다. 어느 초여름 날이었다. 그날도 책보자기를 등에 메고 소를 몰고 들로 나갔었다. 해가 서산에 넘어갈 무렵이었다. 책을 보다가 나는 그만 밭둑에서 잠이 들고 말았다.

얼마나 잤는지 눈을 번쩍 떠보니 소는 내가 잠든 옆 콩밭에서 유유히 콩잎을 뜯어먹고 있었다. 내가 잠든 사이에 콩밭의 한쪽을 먹어치운 것이다. 다행인지 불행인지 소가 먹어치운 콩밭은 다른 집 콩밭이 아니고 우리 집 밭이었다. 나는 고삐로 소를 마구 때리면서 울었다.

다음날 학교에서 돌아오니 어머니께서 화가 많이 나 있었다. 누구 집 소가 우리 콩밭을 모두 망쳐놓았다는 것이다. 어느 집 소인지 반드시 찾아내어 콩값을 받아야 한다고 하셨다. 그러면서 나에게도 소 풀을 뜯길 때는 조심해야 한다고 말씀하셨다.

나는 그날 어제의 일을 어머니께 솔직히 말할까 생각도 했지만 두려운 나머지 그만 말하지 못하고 소가 매여 있는 들로 뛰어가고 말았다.

어쩌다 보니 어머니 살아 계실 때 고백했어야 했던 '콩밭 망친 이야기'를 돌아가실 때까지 못한 셈이다. 나는 어머니 제삿날이 돌아오면 그때 일을 생각하며 제사상을 차린다. 그리고 평소 어머니가 즐겨 드시던 막걸리 잔에 담긴 어머니의 일생을 생각하며 한 잔의 고백주를 올린다.

언덕 넘어 넓은 들에
황금물결이 일면
아버지는 풍년의 흐뭇함에
담뱃대를 삽 보섭에 툭툭 터시며
논두렁길을 천천히 거니셨다

산들바람 부는 언덕 넘어
해가 서서히 넘어가면
마을엔 연기 나고
흰 쌀밥 소복한 엄마 냄새에
소를 몰고 가던 소년의 발걸음은
빨라진다

세월은
아버지 담뱃대도 엄마 냄새도
산들바람 타고 언덕 넘어 불어가니

소의 친구였던 소년

오늘은
은빛 머리카락 휘날리며
소의 친구 추억에 젖어
향수의 고삐를 당겨보네

수선화의
눈물

"젊어서는 꿈을 먹고 살고 늙으면 추억을 먹고 산다"는 말이 있다. 그 추억에는 아름다운 추억도 있지만 슬프고 아픈 추억도 있다. 나는 새 학기가 되어 첫 강의를 준비할 때마다 유학 시절에 들었던 헬렌 펄만(Helen Perlman) 선생님의 첫 강의의 감동이 떠오른다. 이 추억의 강의시간은 나에게 아름다운 아픔이다.

가을학기로 기억된다. 숲과 건물이 잘 어우러진 캠퍼스였다. 내가 강의를 듣는 클래스는 20명 정도의 학생이 모여 다른 클래스에 비해 학생 수가 좀 많은 편이었다. 나는 뒷자리에 앉아서 선생님을 맞이했다. 백발이 희끗희끗 보기 좋게 난 여교수가 들어왔다. 교수는 우리의 얼굴을 한 사람씩 둘러보더니 한참 후 손수건을 꺼내 눈물을 닦았다. 학생들은 영문을 알 수 없는 표정이 되어 서로의 얼굴을 쳐다보며 어리둥절해 했다.

한참 후에 교수는 입을 열었다. "미스 스미스 당신과 나의 차이가 무엇이라고 생각합니까?" 하고 질문을 던졌다. 지명된 그 학생은 당황하여 머뭇거리다가 "선생과 학생 아닙니까?"

"그런 대답은 초등학교 클래스에서나 나올 수 있는 대답이고 요." 클래스 안은 침묵이 흘렀다. 한참 후 다른 학생이 "당신은 박사학위를 가진 사람이고 우리는 박사학위를 공부하는 사람들입니다"라고 대답했다. 순간 나는 그 대답이 멋진 대답이라고 생각했다. 그런데 교수는 그 대답에는 아랑곳하지 않고 다시 손수건을 얼굴로 가져갔다.

교수가 입을 열었다. "당신들은 젊고 싱싱한데 왜 나는 이렇게 늙어있어야 하는가? 무대 위의 배우는 관객을 감동시킬 뿐, 사랑하지는 않습니다. 그러나 나는 나의 클라이언트를 사랑해야 합니다. 그것이 그렇게 어렵습니다. 여러분은 여러분의 클라이언트를 사랑합니까?" 이런 내용의 이야기를 듣다가 그 시간이 지나간 것 같다.

나는 그날 다른 강의시간에서도 집에 돌아오는 길에서도 종일 그 교수의 모습이 머리에서 떠나질 않았다. 집에 와서 생각해 보았다. 왜 그 교수는 첫 시간에 학생들을 어리둥절하게 했을까? 다른 학생들도 궁금했던지 한 학생이 학기 중에 교수를 찾아가서 '첫 강의'에 대해 물었다고 한다. 그런데 교수는 대답 대신 웃기만 하더라는 후문이었다.

여교수의 눈물의 첫 강의는 내가 귀국할 때까지도 문득문득 내 머리를 스쳤다. 돌아와서 1년쯤 지나 강의를 준비하다가 나는 선생님에게 안부 겸 편지를 썼다. '첫 강의'의 감동을 이야기하고 나는 그 날 눈물을 닦던 선생님의 손수건의 기억을 잊

을 수 없다는 말로 편지를 맺었다. 몇 주 후에 답장이 왔다. 답
장에는 이런 내용의 글이 적혀 있었다.

나는 음악을 좋아하고

시를 좋아하고

자연을 좋아하고

신을 사랑합니다.

당신은 나르시스(Narcissus)의 환영(幻影)을 알고 있습니까? 자
신의 얼굴을 연모하다가 한 송이 수선화로 피어난 소년, 나는
그 소년을 생각할 때 눈물이 납니다. 나는 그를 닮고 싶으나 닮
을 수 없기 때문입니다. 언젠가 내 학생이 "선생님은 선생님의
직업을 사랑합니까?" 라고 물었는데 "Yes"라고 대답했지요. 그
런데 그 질문을 나 자신에게 내가 하니 눈물이 납니다. 그것이
나에게는 늘 십자가이기 때문입니다. 당신은 당신의 직업을 사
랑합니까? 당신은 당신의 클라이언트(Client)를 사랑합니까?

이런 내용의 편지였다.

"당신은 당신의 클라이언트를 사랑합니까?" 이 질문은 그 선
생님처럼 나에게도 아픈 질문이다. 내가 만났던 수많은 나의
클라이언트들, 그들이 지금 내 호면에 환영으로 떠오른다.

나를 찾아와 "선생님" 한마디 하고 얼굴을 가리고 울다 가던

나의 사랑하는 학생, 지금은 다른 사람의 아픈 마음을 잘 위로해줄 수 있는 마음을 가진 나의 제자 영, 언청이라는 이유로 어린 시절 왕따가 되어 집에 오면 고양이와 놀면서 대화를 했다던 외로운 소녀, 지금은 어엿이 사회복지사가 되어 자신의 클라이언트를 사랑한다는 말을 전해온 나의 당당한 제자, 이들은 나의 한쪽 얼굴로 그려진 아름다운 호면이다. 그러나 또 다른 한쪽에는 회한의 얼굴로 그려진 호면이 있다. 기말평가 답안지에 "나는 왜 백지를 내는가?"라고 쓴 남 군, 데모만 하다가 결국 학교를 포기했던 김 군, 이들은 아픈 내 다른 쪽 얼굴이다.

이들은 모두 나의 호면에 어리는 얼굴이다. 이들을 생각할 때마다 아름다운 추억과 아픔이 교차 된다. 그러나 이런 추억들을 있게 한 나의 학생들을 나는 오늘도 그리워한다. 사랑한다. 그들은 내 호면에 비치는 얼굴들이기 때문이다.

수선화

어느 날
목동이 호수를 보았다.
호수에 어리는 아름다운 얼굴을
하염없이 들여다보다
그만 잠이 들었다
소년이 잠든
호숫가에
한 송이 꽃이 피어났다
나르시스의 행복한 비극
수선화

바람이 불고 비가 오고 눈이 내려도
봄이 오는 길목에서 다시 피어난 꽃
목동의 넋 수선화

열 오른 미소를 머금고 들여다본
나르시스의 호수에는
음악이 흐르고
시가 있고
철학이 있고

자연이 펼쳐지고
태고의 기운이 서려 있네

나르시스의 幻影
호수 속 파란 하늘에는
초록색 별 하나 둘 셋…
그 가운데 달이 뜨고
구름이 흐르고
바람에 흔들리는 사나이가 있다

송아지와
아버지

영화 '워낭소리'를 보았다. 워낭소리의 주인공 소는 산골 농부와 인연(因緣)을 맺고 20여 년을 산골에서 농부와 함께 가족처럼 일하고 살다 늙어갔다. 소도 늙으면 죽는 것인지 소가 늙어 죽자 노 농부는 양지바른 산자락에 묻어주면서 "다음 생은 인간으로 환생해라"라고 혼자 말로 중얼거리며 발길을 돌린다. 정으로 얽힌 소와 인간을 그린 이 영화를 보면서 나는 나의 아버지 생각을 했다.

아버지는 집에서 기르는 동물에 애착이 많으셨다. 개나 닭에 대해서도 그러셨지만 특히 소에 대해서 끔찍하셨다. 소 한 마리가 머슴 세 사람의 몫을 하던 시절, 아버지는 일을 하고 돌아온 소에게 "너 오늘 고생했구나" 하시며 소 엉덩이를 툭툭 치시거나 쓰다듬어 주셨다. 소가 뚜벅뚜벅 마구간으로 들어가면 손수 끓이신 여물을 주걱으로 저어 퍼주시며 소에게 말을 했다. 그럴 때마다 소는 그 말을 알아듣기라도 하는 듯 눈을 끔뻑거리며 워낭을 울리면서 여물을 먹곤 했다.

몸이 편치 않으셔서 힘든 일을 못하셨던 아버지는 늘 어머니에게 미안해 하셨던 것 같다. 그래서 소에 더 집착하셨는지 모르겠다. 그때는 철이 없어 몰랐다. 아버지의 소에 대한 집착, 소처럼 고독한 눈빛, 그리고 아들에게 송아지 고삐를 넘겨주고 속으로 흐뭇해하셨을 아들에 대한 기쁨 같은 것. 그러나 내 나이가 그때 아버지 나이가 된 지금에야 비로소 아버지의 고독한 얼굴이 마음에 들어온다. 이런 때면 나는 '아버지의 눈에는 눈물이 보이지 않으나 아버지가 마시는 술잔에는 항상 보이지 않는 눈물이 절반이다.' 김현승 시인의 '아버지의 마음' 속 시구가 떠오른다.

아버지는 나에게 늘 다정하셨다.

어느 날 아버지께서 내 이름을 부르시더니 "이놈이 얼마 있으면 새끼를 낳을 것이다. 새끼가 태어나면 친구삼아 네가 잘 기르도록 해라" 하셨다. 그 후 소는 얼마 되지 않아 귀여운 송아지를 낳았다. 나는 송아지가 무척 귀엽고 사랑스러웠다. 그런데 송아지는 내가 저를 좋아하여 좀 만지려 들면 늘 어미 소 뒷 발치로 돌아가 나를 멀리하곤 했다.

어느덧 그 송아지는 꽤나 자랐다. 큰 누나가 시집가던 그해, 어미 소는 장으로 끌려가 다른 사람의 손에 고삐가 넘어갔다. 그날 밤 밤새도록 "음매 음매"하고 어미를 찾으며 홀로 울고 있는 마구간은 송아지 홀로 있기에는 너무 텅 빈 것 같았다. 나는 밤늦게까지 그놈의 울음소리를 듣다가 잠이 들었다. 그 후로도 어미 찾는 송아지의 울음은 얼마 동안 계속되었던 것 같다. 송아지 울음소리는 지금도 나에게 짠하게 울려온다.

송아지는 어미 없이 홀로 컸다. 낮 동안에는 산이나 들에 매여서 풀을 뜯다가 해가 저물면 아버지에게 이끌려 외양간으로 들어왔다. 얼마간의 세월이 흘렀다. 송아지는 어미도 잊은 듯 꽤나 명랑해진 것 같았다. 그날도 나는 아버지를 따라 들에 매어 놓은 송아지를 데리러 갔다. 넓은 들판은 황금빛으로 물들고 참새들도 제집으로 가고 아버지는 송아지 고삐를 잡고 나는 그 뒤를 따라가고 있었다.

나는 송아지 고삐를 한번 잡아보고 싶었다. 아버지에게 허락을 받아 송아지 고삐를 아버지로부터 넘겨받았다. 나는 조금은 두근거리는 들뜬 마음으로 고삐를 살짝 잡아당겨 보기도 하고 조금씩 흔들어 보기도 하면서 송아지 뒤를 따라 집으로 가고 있었다.

한참 후 송아지와 나는 우리 집 앞까지 왔다. 이제 송아지가 집으로 들어가면 됐다 싶었을 때, 웬일인지 송아지는 집으로 들어가지 않고 집을 지나쳐 집의 반대방향으로 계속 달아났다. 그 바람에 나는 그만 송아지에게 끌려가다 엎어져 송아지 고삐를 놓치고 말았다.

나는 송아지가 멀리 달아날까 봐 걱정이 되어 엎어진 채로 고개를 쳐들고 송아지를 쳐다보았다. 그런데 송아지는 저만치서 걸음을 멈추고 나를 흘끗흘끗 보고 있는 게 아닌가! 나는

송아지에 대한 안도와 분함이 교차 되어 엎어진 채 그만 울고
말았다. 뒤따라오시던 아버지는 걱정도 안 되는 듯 나를 일으
켜 세워 놓고 송아지를 끌고 오셨다.

송아지는 내가 고삐를 잡고 따라갈 때는 나를 뿌리치고 마
구 달아나더니 아버지가 다가갔을 때는 순순히 따라왔다. 나
는 그때 송아지가 미웠다. 친구가 되어줄 것으로 믿었던 놈이
내 마음을 이렇게 몰라주는가 싶었다. 그러나 지금 생각하면
송아지는 내가 어리기 때문에 나를 무시한 것 같다. 만약 그렇
다면 세상에 나온 지 몇 개월밖에 자라지 않은 송아지가 나와
아버지를 구별할 만큼 지능이 있었단 말인가? 6개월밖에 안
된 송아지가 6년을 자란 나보다 지능이 높았단 말인가? 지금
도 수수께끼다.

만약 그놈이 암놈이었다면 새끼를 낳았을 것이다. 그리고 또
그 새끼가 다시 어미가 되어 대를 잇는 새끼를 낳았다면 그놈
이 제 어미처럼 지금쯤 어느 시골 나처럼 어수룩한 소년을 골
려주고 있을지 모르겠구나. 나에게 다시 한 번 그런 기회가 주
어진다면 6살 난 손자 놈에게 송아지 고삐를 쥐어 주고 손자
놈의 뒤를 따라가 보고 싶다.

송아지

어미는 팔려가고
홀로 남은 송아지
외양간이 너무 넓어
음매 음매 울다가 잠이 들었네

어미 없이 홀로 자란 송아지
많이 명랑해졌나?
한나절 날다 지친 고추잠자리에게 등을 내주고
낮잠에 빠졌는지 코를 다 고네

이리 뛰고 저리 뛰며
소년을 골려주던 그놈
오늘은
백발 소년을 위로 하려는가
머리를 흔들며
뚜벅뚜벅 걸어오네

빨간 지붕을
이으리라

나는 친구로부터 집에서 4킬로쯤 떨어진 곳에 조그마한 텃밭을 얻어 채소를 가꾸는 재미에 빠져 있다. 바람과 구름과 나무들이 함께 어우러진 산자락에 나도 한몫 낀 셈이다. 자연과의 만남은 또 다른 나의 삶의 축복이다.

밭으로 가는 길은 양쪽으로 숲이 우거진 산이다. 밭에 가다 보면 바람에 스치는 나뭇잎들이 내게 인사를 하는 것 같고, 봄에는 나뭇가지에 움이 트는 소리가 들리고, 그 가지에 새들이 날고, 꽃이 피었다 지는 소리에서 열매 맺는 소리까지 들린다. 밭에 다다르면 두더쥐, 땅강아지, 지렁이들이 후벼놓은 땅을 만난다. 밭에는 채소들이 햇빛을 받으려고 앞다퉈 바스락거리는 소리도 들리고, 오이, 가지, 옥수수를 흔드는 바람 소리도 들린다.

나는 이놈들을 들여다보고 있는 시간이 너무 즐겁다. 어떤 놀이가 이보다 더 재미가 있을까 싶다.

조금은 힘이 들 때도 있지만 땅을 파서 이랑과 고랑을 만들고 이랑의 흙을 손으로 주무르고 골라주고 씨를 뿌리면서 나는 흙에게 속삭인다. "흙님 이 씨앗들을 움트게 하여 잘 자라도록 해주기 바랍니다" 흙은 나에게 대답한다. "낮에는 햇볕을 쬐고 밤새 이슬이 내리면 지렁이가 기어 다니면서 내 속에 살고 있는 수많은 생명체들이 내 속으로 들어온 그놈 씨앗을 반깁니다. 그때 비로소 움이 트고 그 움이 햇빛을 향해 얼굴을 내밀고, 바람은 그 얼굴을 어루만져 주어야 움튼 씨앗이 자란다오"라고.

흙은 지렁이, 굼벵이, 땅강아지 같은 생명들이 꿈틀거리게 한다. 흙은 토끼, 노루, 사슴들이 풀을 뜯고 뛰어다닐 수 있도록 꽃과 나무들을 자라게 하여 새, 나비, 벌들의 안식처가 되어준다. 모든 식물은 흙에서 나서 흙에서 자란다. 흙은 식물의 어머니다. 인간도 흙에서 나서 흙을 밟고 흙 위에 집을 짓고 살다가 흙으로 돌아간다. 희랍신화에서 시간의 신 새턴(Saturn)은 인간은 흙(Humulus)으로 만들었으니 인간을 호모(Homo)라고 명명했다고 한다. 그래서 흙은 식물의 어머니이며 인간에게도 어머니다.

헨리 데이비드 소로는 『월든』에서 자연을 이렇게 찬양했다. "강둑 위를 환하게 비추는 햇볕의 따스함을 느낄 때, 황금빛 모래를 헤치고 드러난 붉은색 흙을 바라볼 때, 부스럭거리는 마른 잎 소리와 개울에서 눈이 녹아 똑똑 떨어지는 소리를 들을 때, 나는 내가 영원의 상속자임을 느낀다. 다른 어느 곳에서 인간 세상의 왕이 되기보다는 차라리 야생의 숲에서 학생이 되고 싶다."

파란 하늘 아래 풀과 나무와 흙이 한데 어우러져 숨 쉬는 곳, 밭둑 위를 환하게 비추는 햇볕의 따스함을 느낄 수 있는 곳, 바람이 구름을 실어 나르는 양지바른 산자락. "하늘빛 푸른 바다가 가슴을 열고 흰 돛단배가 곱게 밀려서 오면…" 그리운 사람이 찾아올 수 있는 그런 곳에 소박한 집을 짓고 텃밭을 가꾸며 자연과 함께할 수 있다면 인생의 어느 주기인들 어떠랴. 나는 이런 집을 짓고 싶다.

빨간 지붕을 이으리라

바람이 구름을 실어 나르는
산자락 숲 사이로
파아란 하늘빛 바다가 보이는 집
빠알간 지붕을 이으리라

어디가 숲이고 어디가 집인지
숲이 우거진 곳이 집이고
내가 서 있는 곳이 숲이기도 한 집

꽃·나무들이 인사를 건네면
벌 나비 새들이 찾아오고
아이들이
꽃처럼 나비처럼
보이는 집

종일 태양을 머금은 온기가 집안까지 드리워
보송보송 잠자리를 깔아주어
영혼까지 편안한 집
그런 집에
빨간 지붕을 이으리라

비밀

눈에 가려진 비밀
마음에 그리운 사랑
영혼에 그리운 은총
비밀도 사랑도 은총도 가려진 비밀
오직 고백할 뿐

'나는 고백한다' 한때 절찬리에 상영되었던 영화제목이다. 영화 내용은 이렇다. 성당에서 살인사건이 발생했다. 사건이 일어난 날 밤 성당 주임신부가 집무실에서 일하다 잠을 잤다. 그런데 그 건물 응접실에서 죽은 사람의 피가 묻은 가운이 발견되었다. 그 가운은 신부의 것이었다. 이 살인사건의 재판부는 신부가 살인한 것으로 판결했다.

신부가 사형장으로 끌려가던 날 많은 군중이 모였다. 군중은 끌려가는 신부를 보면서 그분은 살인을 저지를 사람이 아니라는 걱정스러운 표정으로 웅성거리고 있었다. 그때 저쪽 멀리서 "그 사람은 아닙니다. 그 사람은 아닙니다"라고 손을 흔들며 군중들 틈을 비집고 들어오는 여인이 있었다. 그리고 신부님은 점점 군중으로부터 멀어져갔다. 이것이 영화의 끝 장면이다.

신부는 살인자를 알고 있었다. 고해성사에서 자기가 살인을 했다고 고백한 여인을 알고 있었기 때문이다. 그러나 신부는 살인자라는 누명을 쓰고 사형장의 이슬이 되면서까지 살인자를 발설하지 않았다. 신을 대신해서 고해성사를 받은 신부는 그 내용을 인간의 입으로 말할 수 없기 때문이었다. 즉 하느님이 인간의 법정에서 진술할 수 없기 때문이다.

신과 인간의 관계에는 비밀이 없다. 그러나 인간과 인간의 관계에는 비밀이 있다. 그리고 그 비밀은 지켜져야 한다. 그렇지 않으면 비밀이 아니다. 비밀이란 누구에게도 알려져서는 안 되는 자기만의 소중한, 혹은 쓰라린 삶의 경험이기 때문이다.

'비밀'에는 어떤 다른 뜻이 은유(隱喩)된 경우도 있다. 비밀은 무덤에 갈 때까지 아무에게도 알리고 싶지 않은 보따리이지만, 누군가 한 사람에게는 그 보따리를 풀어 보이고 싶을 때가 있다. 왜냐하면 너무 아픈 비밀을 계속 가슴속에 묻어둔다면 그것은 한(限)으로 쌓여 마음의 병이 되지만, 그 한도 세월이 흘러 가슴에서 떠나면 그것은 하나의 이야기가 되기 때문이다. 그때는 그 비밀을 다른 사람에게 말해도 되기 때문이다.

나도 비밀이 있다. 나의 이 비밀이 영원히 비밀로 남지 않고 아름다운 이야기나 추억으로 기억되는 날이 오기를 바라면서 그 내용을 말하려 한다.

내가 결혼주례를 했던 한 제자가 어느 날 밤에 찾아왔다. 그는 이미 전작이 있는 것 같은데 술을 사달라고 했다. 잔이 오고 갔다. 그가 입을 열었다. "선생님 정이라는 것이 무엇일까요? 저는 아내를 사랑합니다. 그런데 왜 정이 아내의 주변에서만 맴돌까요? 정이 없는 사랑도 사랑일까요?"

그는 자기에게 과분할 정도로 좋은 아내인데 왜 아내에게 깊은 정이 가지 않는지, 아내에게 죄를 짓고 있는 것만 같아 괴롭다고 했다. 그는 조건이 좋은 집안의 딸과 중매로 결혼했다. 두 사람이 결혼 이듬해 명절에 아이를 안고 나를 찾았을 때 그들은 행복한 부부로 보였다.

그날 나는 제자로부터 다음과 같은 이야기를 들었다. 그는 과거를 가진 남자였다. 그의 첫 번째 연인은 교회 고등부 선생님이었다. 그녀는 신학대학 3학년 학생이었다. 그는 그녀를 혼자 짝사랑했다. 2년 동안을 짝사랑했는데 그녀가 결혼을 하게 되어 그의 첫 번째 사랑은 상처로 남고 말았다. 그리고 그는 대학 2학년 때 한 후배를 사랑하게 되었다. 두 사람은 뜨거운 사랑을 했다. 그런데 군대에서 제대하고 보니 그녀는 이미 다른 남자의 아내가 되어 있었다.

많은 시간이 흘렀다. 그런데 추억으로 남아 있어야 할 과거가 자신의 마음을 지금도 복잡하게 한다는 것이다. "선생님 시간이 이렇게 많이 지났는데도 그때의 일들이 왜 가슴에서 떠나지 않을까요? 때로는 허공에서 음악처럼 메아리처럼 들려올

까요? 저는 그럴 때마다 늘 '여자'라는 단어에 대해 비틀거리게 됩니다"라고 말하면서 눈물을 닦았다.

그가 털어놓은 비밀은 그의 가슴에 아픈 자국으로 남았고 그는 그 후로 많이 방황했다고 말했다. 나는 제자의 말을 들으면서 프로이트가 말한 '무의식의 상처(Trauma)'가 생각났다.

사람은 누구나 세상을 살면서 크고 작은 상처로 인해 아픔을 경험한다. 그러나 그 아픔의 상처는 세월이 지나면서 점차 아물어 간다. 그래서 "시간이 약이다"라는 우리 속담이 있는 것 같다. 그러나 상처가 크면 상처는 아물지라도 그 흉터가 크게 남듯이, 그때 겪은 아픔의 충격이 감당하기 힘든 경험이었다면 그 상처는 그의 무의식 속 상처가 된다. 그리고 그 상처는 그의 삶에 막대한 영향을 미친다고 정신분석학자 프로이트는 말했다.

이 제자의 경우가 그렇다. 아마 그의 아내에 대한 감정도 결혼하기 전 두 여인으로부터 입은 '여인상'에 대한 무의식의 상처, 트라우마 때문에 겪고 있는 아픔일 것이라고 여겨진다. 나는 한참을 망설이다가 그에게 넌지시 프로이트 이론을 이야기했다. 그는 내가 이야기하는 동안 줄곧 눈을 감고 있었다. 그리고 술자리가 끝날 무렵 그는 "선생님 오늘 내 말은 비밀입니다"라고 쓸쓸하게 웃었다. 나는 제자를 안아주었다.

제자의 이 말을 나는 지금도 비밀로 안고 살아가고 있다. 시간이 지나서 그의 상처가 무의식을 떠나 의식화되어 하나의

'이야기'가 되는 날, 나를 찾아와 "선생님 술 한 잔 하지 않으시 겠습니까?"라고 할 때를 기다라면서… 세월이 지나면 아픈 상 처가 사랑의 묘약으로 치유되리라는 것을 기대하면서.

바 람

바람은 잔잔한 바다를
출렁이게 하는 파도
그녀는 내 가슴을
출렁이게 하는 바람

왜 바람은 부는가?
왜 바람소리는 보이지 않는가?

올 이도 없는 밤
겨울 바다에 성에 부서지는 소리
바람이 왔다 가는가?
가슴이 시름시름 부서지네

불안,
절망은 아니다

    TV에서 하는 '기도원'이라는 프로그램을 할머니와 함께 시청하게 되었다. 그 프로그램이 전개되는 초기에는 기도원과 운영자를 고발하는 프로그램이라고 생각되었으나 끝까지 시청하고 난 후 나의 소감은 달라졌다. 앞으로 급증할 정신질환자의 문제의 심각성에도 불구하고 그 대책이 미미하니 이 문제의 심각성을 국가 사회가 인식하고 해결해야 한다는 고발이었다고 생각되었다. 나는 사회사업가로서 이러한 프로그램을 방영한 방송사에 감사한 마음이 들었다.

    나는 이 프로그램을 보고 착잡한 마음으로 일어서면서 무심코 할머니 얼굴을 보게 되었는데 할머니는 눈물을 닦고 계셨다. 그리고 그날부터 할머니는 자리보전하게 되셨다. 걱정 끝에 얼마 전에 알게 된 유일한 연고자인 시골에 살고 있는 할머니 딸에게 연락을 했지만 딸은 오지 않았다. 그리고 홀로 쓸쓸히 누워 계시는 팔순 된 할머니의 주름진 얼굴에서 나는 한 노인의 불안을, 어쩌면 인간의 공통적인 불안을 읽게 되었다.

독일 철학자 하이데거는 그의 저서 『존재와 시간』에서 불안이 인간의 근원성임을 지적하면서 다음과 같은 신화를 인용했다.

어느 날 불안의 신이 강을 건너가다가 한 덩이의 흙을 발견했다. 불안의 신은 그 흙덩이를 가지고 아무렇게나 빚었는데, 빚고 보니 어떤 형상이 되었다. 그것을 가지고 어떻게 할까 생각하고 있는데, 그때 주피터 신(神)이 나타났다. 불안의 신은 주피터 신에게 이 형상에 혼을 넣어 달라고 부탁하였더니 쾌히 승낙하고 그 형상에 혼을 넣어 주었다. 그리고 불안의 신은 자기가 만든 이 형상에 자기의 이름을 붙이려고 했다. 그런데 주피터 신은 자기가 혼을 넣었기 때문에 자기의 이름을 붙여야 한다고 주장했다. 불안의 신과 주피터 신이 이름 문제를 가지고 논쟁을 하고 있을 때, 땅의 신이 나타나 이 형상은 내 몸의 한 조각인 흙으로 만들었기 때문에 마땅히 자기의 이름을 붙여야 한다고 주장했다. 세 신이 이름 문제로 옥신각신하다가 결국 시간의 신 새턴에게 가서 재판을 받게 되었다. 새턴이 내린 판결은 다음과 같다.

"주피터 신이여 당신은 이 형상에 혼을 넣어 주었으므로 이 형상이 죽으면 혼을 도로 찾아가시오. 땅의 신이여 당신은 이 형상에 신체를 주었으므로 이 형상이 죽으면 신체를 도로 찾아가시오. 그리고 불안의 신이여, 당신은 이 형상이 생명이 붙어있는 동안은 당신이 주관하는 것이 좋겠소. 그리고 이름

에 관하여서는 호모(Homo)라고 명명하는 것이 좋겠소. 왜냐
하면 이 형상은 흙(Humurus)으로 만들었으니까요"

이 신화에서 관심이 가는 대목은 인간을 흙으로 빚었으니까
호모라는 이름을 붙이자는 점이 아니라, 인간은 살아있는 동
안 '불안의 신'의 지배 아래에 있다는 점이다. 모든 사람은 생
명이 붙어있는 동안 불안을 안고 살아간다는 것이다. 그래서
하이데거는 '불안은 인간의 근원성'이라고 했다.

불안에는 두 가지가 있다. 그 하나는 무(죽음)에 대한 무의식
적 불안이요, 다른 하나는 자기향상을 위한 무의식적 불안이
다. 전자는 노인들에게서 나타나고 후자는 젊은이들에게서 보
게 된다. 우리는 딱히 이유도 없는데 안절부절하고 불안할 때
가 있다. 그러나 그 불안은 이유가 없는 것이 아니라 이유가
있다. 무엇인가 해야 한다는 무의식적 강박감인 것이다. 인간
은 한 곳에 정체되어 있기를 싫어한다. 그래서 인간의 마음은
항상 맑게 흐르는 물처럼 새로운 것을 향해 도전하고 싶다. 그
래서 불안하다. 향상을 위한 도전과 불안, 이 양면성의 몸부림
이 불안으로 나타나는 것이다.

노르웨이 화가 뭉크(E. Munk)는 어렸을 때 어머니, 누이, 아버
지를 차례로 잃었다. 그는 어린 시절부터 세상이 두렵고 불안
했다. 이 불안은 성인이 되어서도 그를 괴롭혔다. 그는 불안으
로부터 탈피하기 위해 무엇인가에 기대야 했다. 그것이 그림이

었다. 그는 자신의 불안을 그림으로 승화시켰다. 그의 그림은 외로움과 두려움 그리고 불안을 극대화한 것이 많다. 뭉크에게는 불안이라는 그림자가 항상 따라다녔지만, 그 불안이라는 그림자가 그의 영혼에 창조성을 넣어 준 셈이다.

인간은 불안하다. 그 이유는 무엇일까? 그것은 미래에 대한 불확실성일 것이다. 입사시험을 앞두고도, 낯선 곳을 여행할 때에도, 맞선 자리에서도, 스쿠버다이빙을 하기 전에도, 우리는 두렵고 불안하다. 그러나 그것들은 나를 향상키 위한 갈망에서 비롯된다. 불안은 자신의 내면의 꿈을 출렁거리게 하여 자기 향상을 위한 꿈틀거림일 때가 많다.

자기 향상의 길에는 언제나 갈등이 있다. 내면에 '신과 악마와의 싸움'이 있다. 자기 향상을 위한 몸부림이 신이라면 불안으로부터 오는 절망은 악마일 것이다. 하이데거의 말대로 불안이 근원성이라면 인간은 불안한 존재이다. 그러나 인간은 불안이 있기 때문에 그것을 극복하려고 노력한다. 신이 준 자기 향상을 위해 고뇌하는 영혼의 의지가 그것이다. 고뇌(苦惱)란 소망이 있는 인내이다.

인간은 불안하다. 그러나 불안의 노예가 되는 것을 거부한다. 신은 인간에게 불안을 극복할 수 있는 지혜를 주어 인생행로에서 부딪히는 고난의 벽을 뛰어넘고 밖으로 나갈 수 있는 은혜를 주었다. 말하자면 인간은 사방이 막힌 벽 속에 갇혔더라도 하늘을 향해 열려있는 문을 보고 거기에 사닥다리를 놓을 수 있는 이성의 자유와 지혜가 있다.

생각해보면 내 인생행로에서도 때로는 사방이 꽉 막힌 방에 갇혀 앞이 캄캄할 때도 있었다. 나는 그 방의 벽이 너무 높고 어두워 불안에 떨며 갈팡질팡 절망했었다. 그러나 정신을 가다듬고 여기저기 두드려보면 내가 나갈 좁은 문은 반드시 있었다는 것이 내 경험이다.

우리는 살면서 어려운 장벽을 만날 수 있다. 인생길은 고행길이기 때문이다. 이 길을 나도 걸어가지만 남도 걸어간다. 누구나 자신에게 주어진 삶의 마디를 하나씩 지워가고 있는 것이 인생길이다. 그런 의미에서 인간은 공평하다.

도종환의 시 '흔들리며 피는 꽃'에는 이런 구절이 있다. "흔들리지 않고 피는 꽃이 어디 있으랴."

행복의 문,
아픔의 문

행복이란 무엇일까?

『이반 데니소비치의 하루』에는 "그가 수용소에서 고통의 나날을 보내고 있던 어느 날 오후 몸이 불편하여 수용소 양호실에서 누워 있는데 창 사이로 빼꼼히 들어오는 겨울 햇살에 그는 한없는 행복감에 젖어들었다"고 쓰여 있다.

이반처럼 고통에서 벗어나는 순간에 깃든 '감정' 같은 것이 행복이라면 그것은 평온한 마음에 깃든 기쁨과 비슷할 것이다. 꽃을 보고 아름다움을 느끼는 기분이나 가을날 오후 벤치에 누워 한가롭게 하늘에 떠가는 구름을 보며 아름다운 추억에 잠기는 순간의 기분같은 것 말이다.

그러나 사람들은 이러한 '평온한 감정'보다는 그 이상으로 황홀한, 혹은 감격스러운 순간의 감정이 행복이라고 생각할 수도 있다. '숨이 막히도록 황홀한 순간' 같은 것. 사랑하는 연인과 포옹하는 무아지경 같은 그런 순간 말이다. 그런 순간이 내게 찾아온다면 나는 얼마나 행복할까?

만약 무지개가 내 앞으로 점점 가까이 다가온다면 그 황홀한 순간에 내 심장은 어떨까? 아마 가슴이 너무 벅차 심장이 멎거나 숨이 막혀버릴지도 모를 것이다. 그래서 숨이 막히도록 행복한 순간은 짧아야 할지 모른다. 이런 일화가 있다.

하루는 한 남자가 갑자기 쓰러져 병원에 실려 왔다. 의사가 환자를 진찰했을 때는 환자는 이미 사망해 있었다. 의사는 그 환자의 사망원인을 심장마비로 진단했다. 그런데 진단 도중 의사가 이상한 점을 발견했다. 환자의 오른손의 주먹은 펴져 있었는데 왼손의 주먹은 꽉 쥐어져 있었기 때문이다. 쥐고 있는 주먹을 펴보니 그 손에는 화투 두 장이 쥐어져 있었다. 그 이유인즉 그 사람은 큰돈이 걸린 도박판에서 실려 온 사람이었기 때문이다. 그가 마지막 판의 화투짝을 조여 보니 뜻밖에도 삼팔광땡이었다. 그는 자기 손안의 광땡을 상대가 알아차릴까 봐 조마조마해서 가슴이 뛰기 시작했다. 그러다가 그만 심장이 그 상황을 감당하지 못하고 멈추고 말았던 것이다.

행복은 어디에서 찾아야 할까?

누구에게나 행복의 문은 열려있을 것이다. 그러나 아무에게나 열리는 문은 아닐 것 같다. 행복의 문은 좁은 문인 것 같다. 그래서 행복의 문은 많이 가지고 들어가는 사람보다 '작은 것'을 들고 들어가는 사람에게 열린다. "부자가 천국에 들어가기란 낙타가 바늘귀로 들어가는 것보다 어렵다."고 하지 않았는가!

형편이 좋지 않은 나라에 속하는 방글라데시 사람들의 행복지수는 세계에서 가장 높다고 한다. 그런데 그들보다 열 배 넘게 부유한 우리나라는 행복지수가 가장 낮다. 그러고 보면, 행복은 많이 가지고 크게 성공하는 데서 오는 것 같지는 않다. 어쩌면 행복의 문은 순수하고 유유자적하는 마음을 가진 자에게 열리는 것 같다. "마음이 가난한 자는 복이 있나니…"

나는 행복을 사랑이라고 생각한다.

그리고 사랑은 좋은 술과 같은 것이라고 생각한다. 좋은 술은 마음을 붉게 물들게 하여 자존심도 부끄러움도 없는 에덴동산으로 초대한다. 사랑은 그런 술잔을 앞에 놓고 꿈을 이야기할 수 있는 친구이다. 술잔에 비친 얼굴을 들여다보며 울고 싶을 때 행복해지는 마음, 평안해지는 마음, 그래서 인생길을 함께 여행하고 싶은 친구, 그런 친구가 있을 때 행복하다.

기다리는 사람이 있는 사람은 행복하다. 그리움이 있는 사람은 행복하다. 소망이 있는 사람은 행복하다. 자기 일을 열심히 하는 사람은 행복하다. 함께 취하고 싶은 사람, 함께 꿈을 이야기하고 싶은 사람이 있는 사람은 행복하다.

기다리는 마음은 행복한 그리움이다. 그러나 그리움은 아픔이기도 하다. 사랑은 기쁨인 동시에 아픔이고 고뇌이다. 인간의 삶은 그 자체가 '고뇌'이기 때문이다. '작은 것에서 행복을 느낀다'는 말은 그냥 나온 말이겠는가? 삶에 대한 깊은 성찰과 고뇌하는 인생에 대한 함축적인 표현일 것이다.

비노바 바베(Vinoba Bhabe)는 "행복이란 우리 내면에 가지고 있는 잠재력을 통해 고뇌를 극복함으로써 존재의 깊은 본성과 만나는 것이다"라고 말했다. 진정한 행복이란 순간에 찾아오는 기쁨이나 황홀함 같은 경지를 넘어 자기실현을 위한 꿈과 목표에 점점 다가갈 때 느끼는 만족감 같은 것일지 모른다. 그래서 행복은 고뇌를 극복하는 순간에 찾아오는 기쁨이다. 아픔이 없는 사랑이 없듯이 고뇌가 없는 행복도 없다.

내 곁을 서성이는 아픔

인간의 마음은 행복했던 일보다 아픈 일들을 더 오래 기억한다. 마음에 깊은 상처가 있는 사람은 더욱 그러하다. 그러나 그러한 아픔도 세월과 함께 잊혀 간다. 신은 인간에게 아픔을 치유케 하는 '망각의 은총'이라는 자비로운 손을 내려줬다. 세상이 인간에게 눈물을 주어도, 하늘은 세월로 그 눈물을 닦아주고 슬픔도 잊고 살아가게 하나보다. 세상에 영원한 것은 없는 것이기 때문이리라. 행복이 순간이듯이 아픔도 곧 지나가는가 보다.

나의 아픔도 지나간다. 나는 사랑하는 딸을 보내고 오랜 세월 그녀의 그림자를 따라다니며 살았다. 방에서도 공원에서도 들에서도 떠오르는 환영, 길을 가다가도 불현듯 가슴에 부딪쳐 오는 바람, 달빛 아래서 가로수 길에서 불쑥불쑥 나타나는 환영, 그러다가 바람으로 변하여 가버리는 환영. 나는 시름시

름 앓았다. 지우려 해도, 끊으려 해도 끊어지지 않는 인연의
끈은 너무 질겼다.

줄 선 끈

놓으려 해도 놓아지지 않는 줄
지우려 해도 지워지지 않는 선
끊으려 해도 끊어지지 않는 끈
인연인가
고뇌인가

그놈의 정

푸른 바다 위 점 같은 섬들
그리고 또 하나의 섬
들어가면 아픔이고 나오면 외로운 섬

썰물처럼 빠지다가
밀물처럼 밀려오는
줄
선
끈

불교의 경전에 삶은 고집멸도(苦集滅道)라고 한다. 고통은 모이기 마련이고 또 그 고통은 사라지기 마련이라는 의미이다. 유대교의 '미드라쉬 Midrash'의 다윗왕의 반지 일화에 나오는 말인 '이것도 역시 곧 지나가리라'의 의미는 고집멸도의 의미와 상통하는 것 같다. 인생에는 아픔도 있지만 행복도 있다. 아픔도 행복도 고집멸도다. 밀려왔다 사라지는 파도처럼. 아픈 상처가 사라진다는 것은 신의 가호다. 망각의 은총이다. 모든 아픔은 지나간다. '이것도 역시 곧 지나가리라'. 세월의 흐름과 함께.

시간은 저 혼자 제 갈 길을 가는 것 같지만 모든 것을 안고 떠나간다. 행복도 아픔도 고뇌도 사랑도 모두 휘감고 떠나간다. 자비로운 시간의 흐름은 신의 은총인가?

| 미드라쉬Midrash의 다윗왕 반지 일화 |

다윗왕이 보석세공사를 불러 반지를 하나 만들기로 했다. 그 반지에는 "내가 전쟁에서 승리해 흥분하여 기쁨을 억제하지 못할 때 감정을 조절할 수 있고, 또 내가 어려운 일로 절망에 빠져 있을 때 다시 내가 힘을 얻을 수 있는 글귀를 새겨 넣으라"고 명령했다. 보석세공사는 고민 끝에 지혜롭기로 소문난 솔로몬 왕자를 찾아가 다윗왕의 이야기를 하고 도움을 청했다. 왕자는 그 반지에 "이것도 역시 곧 지나가리라"라고 새겨 넣으라고 일러주었다.

Chapter 5.

은총

Chapter 5.
은총

내가 이 세상에 온 목적은 무엇일까?

독일의 철학자 하이데거는 인간은 '던져진 존재'라고 했다. 인간은 자신이 이 세상에 오고 싶어서 온 것이 아니라 돌덩이처럼 던져졌다는 것이다. 이 세상에 온 이유를 모른다는 말이다. 그러나 '인간은 이 세상에 올 때는 던져졌으나 던져진 순간부터 자신을 던져야 하는 운명적 존재'라고도 말했다. 자신의 앞날에 주어진 인생은 자신이 선택하고 결정해야 하는, 운명적인 '자유'가 주어진 존재라는 의미이다.

그러나 '자유'에는 언제나 고뇌가 있다. 자유가 주어졌다고 하여 무엇이든 내가 원하는 대로 선택할 수 있을까? 또 어떠한 상황에서도 나 자신을 현명하게 조절할 수 있을까? 그 대답은 'NO'이다. 이것이 인간의 '한계성'이다.

그럼에도 불구하고 우리는 자신의 자유를 실현하기 위해 최선의 방향으로 자신을 던져야 한다. 이것이 인간의 운명적 고뇌이다.

나를 어디로 던질까?

인간은 자신을 던지려고 할 때 언제나 두 갈래 길에서 갈등한다. 이 길을 갈까? 저 길을 갈까? 그러다가 넓고 밝은 길을 선택한다. 그리고 그 길을 간다. 그런데 우리는 그 길을 가다가 중간의 어느 시점에서 뒤를 돌아보게 된다. 그리고 그 길이 자신이 선택하여 걸어온 '자유의 길'이었는지, 아니면 이미 정해진 길을 걸어온 것은 아니었는지 자신에게 묻게 된다. 사랑도 그렇고, 결혼도 그렇고, 직업도 그렇고….

사람들은 이것을 운명이라고 생각할지 모른다. 그러나 나는 은총이라고 믿고 있다. 바울은 이렇게 고백했다. "내가 나 된 것은 오직 하느님의 은혜이다" 나는 바울의 고백을 사랑한다.

신의
침묵

> 니체(Nietzsche)는 '한 비유'에서 신의 죽음을 선포한다. 햇빛이
> 쨍쨍 비치는 아침에 등불을 든 사람이 "신은 죽었다"고 외쳤다.
> "나는 신을 찾는다. 나는 신을 찾는다!"라고 외치는 소리에 대
> 해서 그는 너털웃음을 웃으며 "너희들이 신을 찾아!" 하고 비웃
> 으면서, 쏘아보면서 "하느님은 어디에 있는가?" "너희가 그를 죽
> 였다"고 외쳤다.
>
> - 박봉랑, 『신의 세속화』 중 -

"신은 죽었다"

이 말처럼 세상을 뒤흔든 말은 유사 이래 없었을 것이다.

이 사건 이후 시간이 흐른 1960년대 신학자들은 니체의 '신
의 죽음'에 대해 "신은 죽지 않았다"고 외쳤다. 높은 보좌에 앉
아계시던 하느님은 우리가 사는 낮은 이 세상으로 내려오셔서
우리와 함께 계신다. 의에 주리고 목마른 자들, 옥에 갇힌 자
들과 함께 계셔 그들의 눈물을 닦아주고 계신다. 이것이 세속

신학자들이 주장하는 '신의 세속화'다. 신은 죽은 것이 아니라 지금 여기 우리와 함께 살아 계셔서서 우리로 하여금 세상을 향해 당신의 계명을 지키며 살라고 명령하신다는 것이다. "내가 너희를 사랑한 것 같이 너희도 서로 사랑하라"고.

신은 어디에 계시는가?

신학자들의 이러한 신의 세속화에도 불구하고 다시 "신은 죽었는가?" 라는 질문을 하고 있다. "신이 죽지 않았다면 어디 계신단 말인가?" 세상의 여기저기에서 질병과 굶주림으로, 테러로, 재앙으로 고통 받고 있는 사람들의 신음에도 신은 침묵하고 계시지 않는가!

1979년 8월 나폴리 만의 '베수비오' 산이 분화해 그 남동쪽 항구도시인 폼페이를 삼켜 버릴 때도, 히틀러 유대인 학살 때에도, 이슬람 테러단체들에 의해 뉴욕 세계무역센터가 공격당했을 때도 신은 침묵하지 않는가! 전능하신 신의 본성은 불의에 침묵하시는 분이 아니다. 때로는 자비로, 때로는 유황불로 벌을 내리시며 이 세상에 간섭하시는 분이시다. 그런데 신은 왜 침묵했을까? 그리고 지금도 침묵하고 계실까? 세상은 "인간을 위해 세상에 임재하신다는 신은 어디 계시는가?"라고 세속신학자들에게 다시 묻고 있다.

신은 구약시대에는 침묵하지 않으셨다. 신은 인간과 함께하셨다. 인간의 행위에 옳고 그름을 구별하여 옳지 않은 일을 한 자에게는 벌을, 옳은 일을 한 자에게는 상을 내리셨다. 아담과

하와가 하느님의 명령을 어겼을 때도(창세기 3장), 카인이 자기의 동생 아벨을 죽였을 때도 벌을 내리셨다(창세기 4장). 그리고 세상이 타락했을 때 하느님은 타락한 세상을 쓸어버리고 착한 노아에게 방주를 만들어 살게 하셨다(창세기 6장).

노아의 후손들이 다시 도시를 건설하고 또 그들의 신 야훼를 불신한다는 뜻으로 바벨탑을 세웠을 때도 야훼는 그들의 바벨탑 건설을 막으셨다(창세기 11장).

하느님은 소돔과 고모라 성의 타락한 백성들의 죄를 물어 유황불로 멸망하셨다(창세기 19장). 그 후 하느님은 인간의 삶을 직접적으로 관여하셨고 카인의 후손들은 하느님의 계명에 복종하며 살았다. 그러나 이러한 인간에 대한 하느님의 섭리는 예수를 세상에 보낸 후부터 직접적 관여로부터 간접적 관여로 바뀌었다.

예수를 세상에 보낸 사건은 예수를 통해 세상에 관여하기 위함이라고 성서는 말하고 있다. 예수께서는 공생애 동안 세상을 위해 사셨고, 세상을 위해 십자가에 못 박혀 돌아가셨고, 부활했다. 이 사건을 통해 하느님은 세상에서 침묵하고 있는 것이 아니라 관여하고 있다는 것을 보여주는 것이다.

신은 이 세상에 대해서 관여하고 계시는 것인가? 침묵하고 계시는 것인가? 우리들의 질문에 대해 일본 작가 슈사쿠는 그의 소설『침묵(沈黙)』에서 이렇게 쓰고 있다.

포르투갈의 '예수회'에서 일본에 선교사로 파송된 젊은 로드리고 신부(神父)는 선교활동을 하다가 일본 관헌들에게 붙잡혀 처참한 핍박을 받는다. 관헌들은 그에게 이런 제안을 한다. 예수의 얼굴이 그려진 성화를 밟고 지나가면 고문당하고 있는 신도들과 너를 살려주겠다. 로드리고 신부는 이 극한 상황에서 어찌할 바를 모른 채 하느님께 기도한다. "주여 나는 어떻게 해야 합니까?"라며 하느님께 매달린다. 그러나 하느님은 아무런 응답이 없으시다. 로드리고 신부는 하느님께 다시 절규하며 기도한다. "당신은 왜 침묵하십니까? 당신은 왜 나에게 갈 길을 가르쳐주시지 않으십니까?" 하느님은 역시 아무런 응답이 없으시다. 이 처절하고 절망적인 순간에 그는 다시 죽을 힘을 다하여 절규한다. "당신은 어디 계시나이까? 당신은 우리를 버리셨나이까? 왜 아무 말이 없으십니까? 주여! 주여! 주여!"

그 순간 하느님의 음성이 들려왔다. "밟아도 좋다. 네 발의 아픔을 내가 안다. 밟아도 좋다. 나는 너희에게 밟히기 위해 세상에 왔고 너희의 아픔을 나누기 위해 십자가에 못 박혔다. 지금 나를 밟고 지나가라"

처절하고 절망적인 순간에 로드리고 신부에게 신의 음성이 들렸다. 신의 음성은 이렇게 처절하고 절망적인 한계 상황에서만 들리는 것일까? 신의 음성은 누구에게나, 아무 때나 들릴까? 신의 음성은 절망하여 죽을 만큼 처절한 자에게만 들리는 것일까? 하느님의 음성은 처절하고 절망적인 상황에서 절규하는 로드리고 신부에게 들렸다.

신은 왜 침묵하는가?

이 질문은 인간이 신에게 하는 물음이지만 신이 내게 한 질문이요, 내가 나에게 한 물음이기도 하다. 나의 삶에 대한 물음이요, 존재에 대한 물음이요, 영혼에 대한 물음이다. 신은 나에게 묻는다. "왜 너는 죽어가는 네 이웃에게 침묵하고 있느냐?" 신은 또 나에게 대답한다. "나는 침묵한 일이 없다. 너희의 눈물이 내 눈물이다. 너희들의 무거운 십자가는 내 멍에이고 너희들의 고통이 내 고통이니라. 나는 오늘도 머리 둘 곳이 없어 눈물을 흘리고 있지 않느냐?"

못 자국

어디선가
우는 소리
통곡하는 소리

"울지 마라
네 아픔을 내가 안다
나는 밝히기 위해 세상에 왔고
아픔을 나누기 위해
십자가에 못 박혔다"

캄캄한 새벽
세 번째 닭이 운다
참회의 눈물
돌부리에 채어 피 흘리고 나서
비로소
당신의 못 자국이 보였습니다
당신의 아픔을 내 몸에 묶어
영원에 잇대어 울게 하소서
주여!

절망의 숲에서
들려온 교향곡

예술은 사람들에게 감동을 주고 위안을 주고 아름다움을 느끼게 한다. 그림도 그렇고, 음악도 그렇고, 글도 그렇다.

베토벤의 교향곡, 미켈란젤로의 천지창조, 괴테의 젊은 베르테르의 슬픔은 왜 우리에게 감동과 위안을 줄까? 그것은 인간의 깊은 고뇌와 환희를 함축적으로 담고 있기 때문이리라. 인간의 영혼을 흔들고 있기 때문이리라.

나는 베토벤의 '운명 교향곡'을 들으면서 내 영혼에 울리는 어떤 환희의 소리를 듣는다. 그리고 절망을 극복한 고뇌의 운명에서 아름다운 영광을 본다.

평소에 사람 만나는 것을 그리 좋아하지 않았던 베토벤은 숲과 계곡이 있는 교외로 나가 자연 속에서 보내는 시간이 많았다고 한다. 자연은 고독한 베토벤에게 위안을 주었다. 귀가 들리지 않고 눈마저 어두워져 가는 불행한 운명을 그는 늘 숲속에서 몸부림치며 괴로워했다. 그는 자신의 처지를 비관하고 절망했다. 그러다가 마침내 신을 원망했다. 그날도 베토벤은 숲 속에서 자신의 운명을 비관하며 괴로움에 몸부림쳤다. 그러다가 문득 목사인 친구 생각이 떠올라 그에게 달려갔다.

"너의 하느님은 어떤 분이냐? 어떻게 이렇게 잔인할 수 있느냐? 나 같이 음악을 하는 사람에게 눈과 귀를 빼앗아 가는 신이라니…" 친구는 할 말이 없었다. 하느님은 왜 베토벤에게 저런 시련을 주실까? 미안함과 아픔이 교차 되어 그는 아무 말도 하지 못하고 눈을 감아버렸다. 눈을 감고 있는 그에게 한참 뒤 이런 생각이 떠올랐다. 그는 그 생각을 베토벤에게 이야기했다.

"하느님은 지금까지 네가 귀로 듣고 눈으로 보고 할 수 있는 음악은 다 했으니 이제부터 네 영혼을 통해서 할 수 있는 음악을 하라고 네 눈과 귀를 빼앗아 가신 것이다"라고 말했다. 베토벤은 "그런 역설이 어디 있느냐?"며 불평 섞인 반문을 하고 다시 숲으로 돌아가 괴로움에 몸부림치고 있었다.

그런데 그때!

어디선가 들려오는 소리! 하늘과 구름과 별과 바람이, 절망과 환희와 고뇌가 뒤섞여 들려오는 영혼을 울리는 소리! 그 소리! 그 소리가 그에게 우레처럼 들려오고 있었다. 그는 그 소리를 오선지에 옮겼다. 운명 교향곡!

우리는 '운명 교향곡'에서 운명을 극복한 인간의 고뇌와 환희를 본다. 제1악장 시련과 고뇌, 제2악장 다시 찾은 평온함, 제3악장 쉼 없는 열정, 그리고 4악장 도달한 자의 환희!

베토벤은 눈과 귀를 잃은 후로 영혼을 통한 음악을 작곡했다. 아이러니한 하느님의 섭리는 그의 눈과 귀가 어두워가면서 기적처럼 나타났다. '아름다운 절망'을 주신 하느님, 하느님은 영혼을 통한 음악을 하게 하려고 그의 눈과 귀를 빼앗아 간 것이었을까? 그의 걸작들은 그의 고난 이후부터 쏟아져 나왔다. 뽈드슈타인 아파소나타 등 피아노 소나타, 스프링 크로이체르 등의 바이올린 소나타, 라즈모우스키 현악 4중주, 가곡 휘데리오, 영웅, 운명, 전원 등의 교향곡, 장엄미사 등등 헤아릴 수 없는 불후의 명곡들을 세상에 남겼다.

"인간은 고난에 처할 때 진실해지며 그럴 때는 언제나 하느님께서 함축적으로 나타나신다"는 임마누엘 수녀의 말은 베토벤을 두고 한 말 같다. 베토벤은 인류사상 그 유례를 찾아볼 수 없는 무서운 시련을 극복한 음악가였다. 그는 절망의 숲에서 번민했으나 영혼의 음악을 통해 절망을 극복한 위대한 음악가였다.

프랑스 작가 로망 롤랑은 『베토벤의 생애』에서 베토벤을 이렇게 묘사했다. "일찍이 '정신'이 싸워 얻은 것 중 베토벤의 찬란한 영광에 필적할만한 것이 있을까? 가난하고, 불행하고, 불구이고, 고독한 사람, 마치 고뇌로 빚어진 것 같은 사람. 세상에서 기쁨을 거절당한 사람. 그 사람이 스스로 환희를 창조했다. 그 환희를 세상 사람들에게 나누어 주려고 그는 자기의 불행으로 '환희'를 만들어 냈다" 음악으로 승화시킨 위대한 인간,

눈물과 고뇌, 그것은 환희였다. 환희는 절망을 극복한 뒤에 찾아온다.

모든 사람들이여!
서로 포옹하라!
형제여 별의 저 쪽에는
주가 있으리니!
온 세상이여 입맞춤 하라.

환희여!
신성한 빛이여!
천국의 딸이여 환희여!
신성한 빛이여!
- 쉴러 '환희의 노래' 중 -

결혼하라,
그러나 후회할 것이다

덴마크의 철학자 키에르케고르는 레기네 올센을 오랫동안 짝사랑했다. 그런 그의 짝사랑은 성공하여 약혼까지 하게 됐다. 그러나 파혼했다. 그리고 그는 저서 『이것이냐 저것이냐』에서 '파혼'에 대한 변명을 늘어놓는다.

키에르케고르는 어느 날 우연한 기회에 '레아담'이라는 가정을 방문하게 된다. 그때 그의 나이 24세였다. 그는 거기서 뜻밖의 14세의 소녀 레기네 올센을 만나 첫눈에 사로잡히게 된다. 그는 당황하여 달아오르는 얼굴을 주체할 수 없어 아무 말도 못하고 그 집을 나오고 말았다. 그리고 그는 그 후 그녀를 짝사랑하게 되었다.

그날 이후 그는 그녀를 보지 않으면 잠을 이룰 수가 없을 만큼 그녀에 대한 연모의 정이 깊어갔다. 그는 3년이라는 기간 동안 레기네 올센을 짝사랑하였다. 그러던 그가 그의 나이 27세에 사랑을 고백했다. 그의 고백은 받아들여졌고 양가의 승낙을 얻어 약혼하기에 이른다. 그의 짝사랑이 성공하게 된 것이다. 그는 황홀했다. 신에게 감사했다.

그런데 웬일인가! 레기네 올센에 대한 키에르케고르의 사랑은 약혼 후부터 변해가고 있었다. 하루만 보지 않아도 잠을 이룰 수 없었던 그녀에 대한 그리움의 열정은 식어 가고 있었다. 그는 사랑하는 사람으로부터 멀어져가는 자신의 마음을 이해할 수도 어떻게 할 수도 없었다. 왜 내 마음이 이럴까?

순수한 사랑은 가능할까?

인간의 마음은 왜 변하는 것일까? 키에르케고르는 약혼 후 변해가는 자신의 마음에 대해 고민하게 된다. 그리고 약혼 후 한 해가 지날 무렵 파혼선언을 한다. 그리고 파혼한 이유에 대해서 변명을 한다. "나는 레기네 올센을 진실로 사랑한다. 내가 파혼하는 이유는 레기네 올센을 순수하게 사랑하기 때문이다. 순수한 레기네 올센을 나의 욕망의 침실로 끌어들여 그녀의 아름다움과 순수성을 짓밟을 수가 없기 때문에 나는 그녀와 결혼할 수 없다"

그는 또 이렇게 변명했다. "정원에 피어있는 아름다운 장미꽃을 보라! 그 아름다운 장미꽃을 꺾어 자신의 화병에 꽂은 사람이 있다면 그는 장미꽃을 진정으로 사랑하는 것이 아니라 자신의 욕망을 채우려는 사람일 것이다. 나는 순수하고 청순한 레기네 올센의 순결을 꺾을 수 없다. 그러므로 나는 그녀와 결혼할 수 없다. 나는 그녀를 진실로 사랑하기 때문이다"

키에르케고르가 변명한 '순수한 사랑'은 가능할까? 인간의 사랑은 '주고받는 것'이라지만 인간은 '주는 기쁨'보다 '받는 기쁨'에서 더 행복을 느낀다. 키에르케고르의 사랑은 '받는 기쁨'에 있지 않고 '주는 기쁨'에서 행복을 구하는 것이었을까?

사랑의 본질은 무엇일까? 사랑의 본질은 서로 주고받는 '에로스'에 있는 것이 아니고, 주는 사랑 '아가페'에 있는 것일까? 조용한 호수가 인간의 눈이 닿지 않는 깊은 샘을 갖고 있듯이 키에르케고르의 사랑은 깊은 곳에 있었던 것 같다.

후회할 것이다

키에르케고르는 레기네 올센에 대한 '사랑의 변명' 후에 많은 저서를 남겼다. 그는 자신의 사랑으로부터 발전한 철학에서, 인간 세상에서 일어나는 모든 것에 대해 회의를 느끼게 된다.

키에르케고르는 레기네에 대한 연민으로부터 변화되어가는 자신에게서 인간실존의 한계성을 인식하게 된다. 이 세상에서 사람들은 자신의 실존을 위해 사랑, 공부, 돈, 출세, 명예 등을 위해 전력을 다하지만 결국은 후회할 것이라고 말했다. 이 세상에서 이루어지는 모든 일들은 후회할 수밖에 없다는 것이다. 그는 세상을 향해 말했다. "여러분 결혼해 보세요. 후회할 것입니다. 결혼하지 마세요. 그래도 후회할 것입니다"

그는 인간실존을 셋으로 분류하여 설명하였다. 향락을 지향하는 삶을 미적실존(美的實存)이라고 칭하고, 시민으로서 법을 지키고 사는 성실한 삶을 윤리적 실존(倫理的實存), 그리고 신 앞에 겸손히 무릎을 꿇고 자신의 한계를 고백하는 인간상을 종교적 실존(宗敎的實存)이라고 했다. 미적실존과 윤리적 실존은 불완전하여 결국 후회할 수밖에 없기 때문에 후회하지 않는 참된 삶을 살기 위해서는 종교적 실존으로 나아가야 한다고 그는 믿었다.

그는 스스로 했던 변명대로 순수한 사랑을 실천하며 일생을 결혼하지 않고 독신으로 살았다. 또 그는 후회하지 않는 참된 실존을 위해 '신(神)앞에 선 단독자(單獨者)'로 고고하게 살았다. 그의 묘비에는 이렇게 새겨져 있다.

神 앞에 선 단독자

나는 그림자 하나 던지지 않고
孤高하게 서 있는 쓸쓸한 老松나무
산비둘기만이 나의 가지에 둥지를 지을 뿐이다

만일 내가 나의 무덤 위에 묘비명을
요구해도 좋다면 그것은
저
고독한 자라는 銘의일 것이다

나의 魂은 그 위를 나르는
새도 날지 않는 죽음의 바다 같다

묘비명

　묘지 문화는 나라마다 다른 것 같다.

　우리의 묘지 문화는 사람이 죽으면 선산에 묻히지만 선산이 없는 서민들은 공동묘지에 묻힌다. 그러나 서양에서는 돈 있고 명성 있는 사람들이 죽으면 공동묘지에 묻힌다.

　파리에는 우리에게 널리 알려진 몽마르트 언덕과 페르라셰스에 넓은 자리를 차지한 아름다운 공원묘지들이 있다. 그중에서도 파리에서 가장 아름답게 꾸며진 페르라셰스 공동묘지에는 쇼팽, 비제, 롯시니 같은 음악가들과 알퐁스 도데, 프로스트, 오스카 와일드, 라 퐁텐, 뮈세, 몰리에르 같은 작가들, 그리고 코로, 앵그르, 모딜리아니 등 유명한 화가들이 잠들어 있다.

　시인 알프레드 뮈세는 페르라셰스 공원묘지에 잠들어 있다. 뮈세(Alfred de Musset)는 19세기 낭만파 4대 시인 중 한 사람으로 우아하고 아름다운 처녀시집 『스페인과 이탈리아의 이야기』로 유명해졌다. 그는 당대의 여류작가 조르주 상드(George Sand)와의 열렬한 사랑을 하여 이 사랑이 그의 아름다운 서정시들을 있게 했다고 전해진다. 그의 묘비에는 '시인의 소원'이라는 시가 새겨져 있다.

시인의 소원

사랑하는 친구여 내가 죽거든
내 무덤 위에 버드나무를 심어다오
나는 그 그늘진 가지를 좋아하노니
창백한 그 빛도 정답고 그리워라
내가 잠들 땅 위에 그늘 사뿐히 드리우리

*시인의 소원으로 심어진 버드나무는 지금도 묘지 위에 서 있다.

독일의 철학자 니체의 묘비에는 어떤 글이 새겨져 있을까?

니체는 "신은 죽었다"란 말로 한때 세상을 떠들썩하게 했다. 그는 『차라투스트라는 이렇게 말했다』 이후 『선악의 피안』, 『권력에의 의지』 등의 저서를 통해 인생의 영겁회기(永劫回歸) 사상을 주창하기도 했다. 그리고 "신은 죽었다"고 기독교사상을 비판하고 신의 죽음에서 오는 니힐리즘을 '초인(超人)' 사상으로 극복하려 했다. 그러나 그의 초인은 신을 넘어설 수 없었다. 결국 그는 그가 죽인 신 때문에 그의 마음속에 찾아온 니힐리즘을 극복하지 못하고 영원한 고독 속에 빠져버린 철학자였다.

그의 나이 56세에 세상을 떠나 가족 묘지에 안장되었다. 그의 묘비(墓碑)에 새겨진 시(詩)는 인간의 끝없는 고독을 말해준다.

고독의 나의 고향

深淵에 임한 산정에 솟은
한 그루의 나무
아마 맹수밖에는 감히 이 나무를
찾아올 이가 없다

나를 위로해주는 것은 셋뿐이다
나의 쇼펜하우어와
슈만의 음악
그리고 고독한 산책

웨스트민스터 사원에 안장되어있는 어느 성공회 주교의 묘비에는 고뇌에 찬 참회의 글이 새겨져 있다고 한다.

내가 젊고 자유로워 무한한 상상력을 가졌을 때
나는 세상을 변화시키겠다는 꿈을 가졌었다.
좀 더 나이가 들고 지혜를 얻었을 때
나는 세상은 변화하지 않으리라는 것을 알았다.

그래서 나는 내가 살고 있는 나라를 변화시키겠다고 결심했다.

그러나 그것 역시 불가능한 일이었다.

황혼의 나이가 되었을 때 마지막 시도로

가장 가까운 내 가족을 변화시키겠다고 마을을 정했다.

그러나 아무도 달라지지 않았다.

이제 죽음을 맞이하는 자리에서 나는 깨닫는다.

만일 내가 나 자신을 먼저 변화시켰더라면,

그것을 보고 내 가족이 변화되었을 것을,

또한 그것에 용기를 얻어

내 나라를 더 좋은 곳으로 바꿀 수 있었을 것을,

누가 아는가, 그러면 세상까지도 변화되었을지?

나는 뮈세의 시를 읽으면 사뿐사뿐 나비처럼 산 낭만적인 뮈
세가 아름답게 보이고, 니체의 시를 읽으면 사색하며 자신을
철학적 삶으로 불태운 니체가 부럽다. 그리고 자신을 겸손히
돌아보는 성공회 주교의 삶도 존경스럽다.

나는 누구일까?

어디서 와서 어디로 가는 것일까?

누구에게나 찾아오는 이 물음, 아직도 누구에게나 만족할만

한 답이 없는 영원한 수수께끼. 어떤 사람은 신에게로 돌아간다고 하고, 어떤 사람은 흙으로 돌아간다고 하고, 또 어떤 사람은 환생한다고 믿고 있다.

인생이란 무엇일까?

프로이트는 나비가 춤추듯 인생은 향락하며 즐겁게 사는 것(Will to pleasure)이라고 말했고, 아들러(Alfred Adler)는 인생은 출세나 권력을 얻기 위해서 사는 것(Will to power)이라고 말했다. 그리고 빅터 프랭클(Viktor Frankl)은 인생의 참 의미를 찾는 것(Will to meaning)이 인생의 궁극적 목적이라고 말했다.

세 사람의 인생관은 서로 차이가 있을지라도 머리가 끄덕여진다. 그들 모두는 우리들의 인생을 깊게 이야기하고 있기 때문이다. 그러나 인생은 어떻게 사는 것이 행복한 삶을 사는 것일까? 세 사람의 묘비는 다 다르게 말하고 있다.

우리는 뮈세의 묘비에서 프로이트의 향락적인 인생을 읽는다. 사뿐사뿐 나비처럼 아름답게 춤추는 인간의 모습. 이렇게 살 수만 있다면 인생은 얼마나 행복하고 즐거울까?

그러나 일찍이 니체가 외쳤던 '권력의지'를 아들러에게 보면서 '사뿐사뿐 춤추듯 즐겁게 사는 것'만이 인생의 전부가 아니라는 생각을 하게 된다. 인간은 본능적으로 '권력의 의지'가 있기 때문이다. 니체는 세상을 지배하는 것은 신(神)이 아니라 차원 높은 인간상인 '초인(超人)'이라고 했다. 보다 높은 경지인 초인을 향한 삶을 찾아가는 것이 인생의 목표가 되어야 한다고 했다.

그러나 우리는 '권력의 의지'를 외쳤던 니체의 묘비에서 인생의 끝없는 고뇌에서 벗어날 수 없는 허무한 운명의 인간상을 본다.

인간은 참회하는 동물이다. 우리는 젊은 한 때 사랑, 돈, 권력에 전념한다. 그러나 그것이 인생의 목표였던 그 삶을 뒤돌아보는 시간이 찾아온다. 그리고 조용히 자기 삶의 의미를 되새겨보게 된다. 그리고 허무한 인생을 참회하며 고개를 숙인다. 그런 모습을 성공회 주교의 인생 모습에서 본다.

이러거나 저러거나 이생은 한 번뿐이다.

세상에 영원한 것은 없는 것 같다. 모든 것은 강물처럼 흘러가고 없다. 사뿐사뿐 춤추듯 살았던 뮈세도, 끝없는 고독에서 영영 벗어나지 못했던 니체도 갔다. 그리고 회한의 인생을 회상하던 성공회 주교도 강물처럼 흘러가고 없다. 그러나 강물이 흘러 흘러 바다를 이루듯 이들의 삶의 노래는 나의 가슴에 강물이 되어 흐른다.

꽃이 진다 한들

꽃이 진다 한들
세월이 덧없이 흘러간다 한들 아쉬워할 것 없네.
꽃이 진 자리엔 열매가 맺히고
세월이 흘러간 자리엔 추억이 열리는 것을

친구여
젊음의 꿈도
무심한 파도에 밀려갔으니
오늘은
추억의 피리를 꺼내
그 날들의 소리를 들어나 보세

그래도 마음이 헛헛하거든
앞이 툭 트인 언덕에 올라
하늘에 떠가는 구름님에게 손을 흔들어 주세

친구여
꽃이 진다한들 바람을 탓하랴
우리 나이에
허무의 잔을 마셔보지 않는 인생
어디 있다던가!

때로는 지는 꽃이 아쉽고
가는 세월이 서러워도
어찌하랴
모두 다 구름의 탓인 것을
친구여!

죽음,
인간의 고뇌

　죽음은 인간의 가장 큰 고뇌 중의 하나이다. 죽음은 모든 것을 버리고 무(無)로 돌아가는 순간이다. 사랑하는 모든 것과 영원히 이별하는 순간이다. 인간은 누구나 죽음 앞에서 순수해진다. 죽음 앞에서 하는 말과 행동은 그 사람의 가장 진실된 순간이다. 칸트는 "좋다"라는 말을 남기고 운명했고 괴테는 "햇빛을 더"라는 말로 세상과의 작별을 아쉬워하며 운명했다. 장 폴 사르트르는 "나는 이제 어디로 가야 하느냐?"는 물음을 남기고 운명했다. 자신의 진실한 순간을 표현한 말들이다.

　죽음이란 무엇일까?

　공자(孔子)에게 한 제자가 물었다. "죽음이란 무엇입니까?" 공자는 "미지생(未知生) 언지사(焉知死)"라고 대답했다. 삶도 알 수 없는데 어찌 죽음을 알 수 있느냐는 의미이다. 독일의 철학자 하이데거도 죽음은 무(無)이며 알 수도 없고 넘어설 수도 없는 것이라고 했다.

　세계적인 베스트셀러 『죽음이란 무엇인가』의 저자 셸리 케이

건 예일대학교 교수는 "죽음은 인간존재의 완전한 소멸"이라고
했다. 죽음은 생의 종말이라는 것이다. 따라서 인간의 영혼은
없다는 것이다.

그러나 이와는 다른 견해를 편 사람도 있다. 플라톤은 파이
돈(Phaidon)에서 삶은 영혼의 죽음이고 죽음은 더 높은 삶으로
비약하는 은혜라고 했다. 죽음은 영혼을 감옥으로부터 해방하
여 그의 영원한 집으로 되돌아가게 하기 때문이다. 이것이 그
의 영혼론이다.

유영모 선생은 "죽음의 연습은 영원한 '얼생명'을 기르기 위
함이다. 산다는 것이 사는 것이 아니요. 죽는 것이 죽는 것이
아니요. 산다는 것은 육체를 먹고 정신이 사는 것이요. 몸으로
죽는 연습은 얼생명으로 사는 것이다"라고 했다.

단테는 『신곡』에서 지옥문 앞에는 "모든 소망을 버려라" 라고
쓰여 있다고 했다. 그의 말처럼 죽음은 아무런 소망도 없는 것
일까? 꼭 그런 것만은 아닌 것 같다. 죽음은 인생의 끝이라는
사람들도 있지만 사후에 대한 무의식적 '어떤 소망'을 갖고 사
는 사람도 있다. 부활을 믿는 사람들, 환생을 믿는 사람들, 선
조들에게 돌아간다고 믿는 사람들. 이들은 모두 사후의 영생
에 대한 어떤 소망을 갖고 있는 사람들이 아니겠는가?

자연 질서에서 죽음은?

자연의 질서에서의 모든 생명은 '생성과 소멸'의 과정으로 본

다. 생명의 생성과 소멸의 근원은 태양과 지구와의 거리와 관계가 있다. 태양과 지구가 적당한 거리를 유지하고 돌고 있기 때문에 생명이 탄생하고 생존할 수 있는 것이다. 만일 두 행성이 너무 가까우면 높은 열 때문에 생명이 생존할 수 없을 것이며, 반대로 거리가 너무 멀어도 찬 기온 때문에 생물은 생성할 수 없을 것이기 때문이다. 태양은 지구의 신(神)과 같은 존재다. 지구는 그 긴 시간을 태양을 향해 적당한 거리에서 그 빛을 우러러보며 돌고 있다. 만물의 생성을 위함인지 신이 지은 질서인지는 모르지만, 만물은 이 질서 때문에 생존하고 있는 것이다.

자연에서 생명은 스스로 태어나고 스스로 죽는다. 그러나 자연의 질서는 상생과 상극의 상관관계에 놓여있다. 서로 돕기도 하지만 죽이는 관계이기 때문이다. 이 얽힘을 우리는 자연의 '존재론적 욕망'이라고 부른다. 생존하기 위한 욕망이라는 뜻이다. 그러나 인간은 생존을 넘어 소유하려는 욕망을 가진다. 이것을 '소유론적 탐욕'이라고 부른다. 자연의 질서는 이렇게 상생의 아름다움과 상극의 처절함을 동시에 수반한다. 이것이 생성과 소멸의 과정에서 일어나는 자연의 질서다.

자연에서는 '생성'은 반드시 소멸을 전제로 한다. 왜냐하면 소멸없이 생성만 계속된다면 창조된 공간은 팽창하고 한계에 도달하여 풍선처럼 터져버릴 것이기 때문이다. 따라서 모든 자연의 질서는 '탄생-번성-소멸'의 과정을 거친다.

자연의 질서에서 모든 생명체는 원초적 자연 상태로 되돌아 가고자 하는 본능을 가지고 있다. 그 본능은 새로운 변화가 아닌 본래 상태인 무(無)로 되돌아가고자 하는 본능적 속성이다. 이 속성 때문에 모든 생명체는 소멸한다. 그리고 이 속성 때문에 그 자리에 다른 생명체가 탄생한다. 이러한 '탄생과 소멸'의 과정 때문에 지구는 언제나 평형상태(平衡狀態)를 유지할 수 있는 것이다.

자연은 인간에 의한 것이 아니라면 죽는 모습을 거의 보이지 않는다. 자연은 조용히 무로 돌아가 스스로 정화한다. 이것이 자연의 순환 또는 교환정화작용이라고 한다. 자연은 지구 안의 모든 생명체를 생성케 하지만 동시에 소멸케 한다. 이로써 지구는 언제나 평형상태를 유지한다.

평형상태란 세상에 존재하는 모든 것은 하나라는 의미이다. 나무, 풀, 꽃, 짐승, 사람이 하나에서 분리되고 다시 뭉쳐 살고 없어지는 생성과 소멸의 과정이다. 그래서 모든 만물은 함께 존재하며 그 원천과 본질이 하나인 것이다. 하나는 전체를 이루고 전체는 하나를 이룬다. 지구는 생성과 소멸의 과정을 거쳐 평형상태를 유지한다. 이것이 자연의 영겁회기이다. 그러므로 자연에는 죽음이 있지만 죽음이 없기도 하다.

불교 사상에서 죽음은?

불교는 깨달음의 종교이다. 깨달음을 통해 부처가 되는 종교다. 불교에는 죽음이 없다. '죽음이 곧 삶이요 삶이 곧 죽음(死卽生 生卽死)'이다. 따라서 죽음은 다른 삶의 시작이다. 이것이 '윤회환생'이다.

'윤회환생'은 티베트 승려 마티유 리카르의 사상에서 볼 수 있다. 그는 "모든 생명은 현재의 삶으로 끝나는 것이 아니다. 우리는 이미 현생 이전 삶을 체험했고, 또 죽음 이후에도 다른 삶을 체험하게 될 것이다. 그것은 육체가 아닌 '영혼의 흐름'에 의해 계속될 것이다. 영혼의 흐름은 마치 나룻배가 없는 강물처럼 흐르는 '영속적인 영혼의 흐름'과 같은 것이다"

인도의 비노바 바베는 모든 인간은 신의 다른 표상들이라고 했다. "나는 신을 거대한 바다라고 생각한다. 그 바다 안에서 파도는 일어났다가 가라앉으며, 물결들은 솟구쳤다가 부서져 다시 바다 전체와 하나가 된다. 새로운 물결은 일어나며, 새로운 물결은 다시 바다와 하나가 된다. 이렇게 인간의 영혼은 신의 바다에서 물결처럼 솟아올라 첫 번째 생, 두 번째 생, 세 번째 생 동안 그 표면에서 역할을 하다가 다시 바다로 흡수된다. 그리하여 자유롭게 된다. 개개의 영혼들 사이에는 높고 낮음이 없다. 모두가 신의 다른 표상들이다"

그는 죽음의 문제에 대해서 이렇게 말한다. "우리가 언제 어떻게 생애를 마감하게 될지는 아무도 예측할 수 없는 법, 그러나 하루의 삶은 잠으로 끝나게 되듯이 하루의 경험은 죽음을 조금씩 맛보는 것이 아닌가. 따라서 만일 우리가 매일 자기 전에 마지막 장면을 잘해낸다면, 생애의 마지막 시간이 다가올 때 우리는 승리를 손에 넣게 된다"

그는 75세가 되었을 때 모든 사회적 활동을 중단하고 기도와 명상으로 삶을 채운다. 87세가 되었을 때 비노바 바베의 몸은 몹시 쇠약해졌고 죽음은 다가오고 있었다. 그걸 알게 된 그는 모든 진료를 거부하고 단식을 했다. 80일이 되던 날, 비노바 바베는 지극히 평화로운 모습으로 자신의 몸을 벗어버렸다.

기독교 신앙에서 죽음은?

기독교는 '믿음의 종교'이다. 인간의 생명은 하느님으로부터 창조됐기 때문에 죽으면 영혼을 하느님께서 거두어 가신다는 신앙이다. 육체는 죽지만 영생은 부활하여 영원히 산다는 믿음이다.

플라톤은 '파이돈'에서 인간의 육체는 가상이며 영혼이 실체라고 말했다. "우리가 살아 있는 동안에는 영혼은 육체 속에 갇혀 있다. 죽음은 영혼의 해방자이다. 죽음은 육체로부터 영혼을 해방시켜주는 영원한 집으로 돌아가게 한다"고 말했다.

기독교는 예수의 성육신(Incarnation)을 믿는다. 하느님께서 유한한 인간을 구원하기 위해 예수를 통해 한 인간이 되고, 한 인간으로 이 세상에서 살고, 마지막에는 죽음의 고난을 겪으셨다. 그리고 부활하셨다. 이것이 예수의 성육신이다.

이 성육신 사건을 통해서, 인간은 유한성으로부터 영생의 소망을 갖게 되었다. 그러므로 인간의 삶의 목표는 죽음이 아니고 영생부활이다. "나는 부활이요 생명이니 나를 믿는 자는 죽어도 살겠고, 무릇 살아서 믿는 자는 영원히 죽지 아니하리라"

김재준 교수는 『하늘과 땅의 해후』에서 죽음에 대해 이렇게 말했다.

"여기서 나는 '죽음'을 응시한다. 죽음은 하느님께서 '나'에게 주신 가장 엄숙하고 신성한 '결단'의 기회다. 그것은 가장 무서운 심판임과 동시에 가장 존엄한 은혜다. 예수께서 자기의 죽음을 그렇게까지 중요시하고 그것이 영원한 승부를 결정하는 '아마겟돈'이라 생각하여 단호히 '십자가'로 나아간 것은 죽음이 상례적인 비극이라서가 아니라 그것이 가장 영웅적인 결전장이라서였던 것이다."

죽음은 끝인가?

죽음은 누구도 피할 수도 넘어설 수도 대신할 수도 없다. 모든 사람은 죽는다.

인간의 한계수명은 얼마나 될까? 생명공학에서는 인간의 '한계수명'을 120년으로 산정하고 그 한계수명에 가까이 갈 방법을 연구한다. 자연의 질서나 불교에서도 기독교에서도 창세기 6장 3절 "그들의 날은 120년이 되리라"는 성서의 말씀을 근거로 인간의 한계수명을 120년으로 보는 것 같다.

우리는 사람이 죽으면 '운명했다' '돌아가셨다'라는 말을 한다. '운명'은 타고난 생명이 다했다는 의미이며, '돌아가셨다'는 말은 '죽었다'의 높임말일 수도 있지만, 그보다는 본래 있던 자리로 되돌아갔다는 의미이다. 그리고 또 이런 경우도 있다. 어린 자식이 죽으면 어머니는 그 아이를 안고 "좋은 집안에 다시 태어나라. 잘 가거라" 하면서 보낸다. "좋은 곳으로 갔을 거예요" 이러한 우리들의 생각들은 무엇을 의미하는 것일까?

우리는 '살기 죽기'가 아니라 '죽기 살기'란 말을 하고, 서양에서는 '사느냐 죽느냐'가 아니라 '죽느냐 사느냐'란 말이 있다. 이 말에서 우리는 삶과 죽음, 죽음과 삶의 동시성과 연속성을 읽을 수 있다. 인간은 언제나 살면서도 죽음을 동시성으로 생각하면서 살고 있다는 것이다.

철학자 스피노자는 "죽음의 교훈은 삶의 존재가 인간의 전부가 아님을 알게 한다. 대자연의 존재방식은 뫼비우스(Moebius)의 띠와 같아서 한번은 삶의 띠가 죽음의 띠로 바뀌고, 죽음의 띠가 다시 삶의 띠로 바뀐다"고 말했다.

『레 미제라블』의 저자 빅토르 위고는 "나는 무덤에 들어갈 때 하루의 일과를 마쳤다고 말할지언정 내 인생을 마쳤다고는 말하지 않으리라. 나는 그 다음 날에도 여전히 일할 것이기 때문이다. 죽음은 막다른 골목이 아니라 새로운 삶을 향한 통로이다"라고 말했다. 믿거나 말거나.

영혼의 고향

꽃들의 영혼은 어디에 있을까?
꽃잎에 있을까? 꽃봉우리에 있을까?
바람이 불면 흩날리는 꽃잎
자국에 맺히는 열매 속에 있을 거야
그 이듬해 다시 피어나니까

꽃잎처럼 떨어지는 사람들
죽으면 어디로 갈까?
어떤 영혼은 천사들이 사는 구름 저쪽
어떤 영혼은 관음보살이 사는 꽃동네
어떤 영혼은 푸른 숲 저쪽 동네 어디쯤일 거야

내 영혼의 고향은 어디일까?
영혼은 땅을 밟지 않으니
골고다 언덕 너머 산들바람 부는 곳
코스모스 물결을 지나
하늘에 떠가는 구름 동네 어디쯤이면 좋겠네

나의
유언장

    고대 그리스에 한 왕이 있었다. 어느 날 왕은 한 석학을 불러 『인생이란 무엇인가?』라는 책을 써 오라고 주문했다. 그 학자는 6년이 지나서 6권의 책을 들고 왕에게 나타났다. 왕은 그 책들을 만져보면서 석학에게 이 책들은 너무 방대하여 읽기가 너무 벅차니 줄여서 다시 써 오면 좋겠다고 했다. 그는 3년 후에 3권의 책을 들고 나타났다. 왕은 그때 그 3권의 책을 읽기에는 너무 연로하여 분량을 더 줄여오라고 부탁했다. 학자는 1년 후에 1권의 책으로 줄여왔다. 그런데 왕은 그때 죽음이 임박해오고 있었으므로 그 1권의 책도 읽을 수 없게 되었다. 왕은 힘없는 목소리로 "인생에 대하여 한마디로 이야기해주게" 그 학자는 이렇게 말했다. "태어났다, 살았다, 죽었다"라고. 이 말을 들은 왕은 지그시 미소를 지으며 눈을 감았다고 한다.

    내 인생은 어떠했을까? 내가 살아온 삶은 노인의 겨울 산행처럼 조심조심 불안스러웠던 것 같다. 나는 바람에 흔들리는 나뭇가지에도 불안하고 걱정스러웠던 것 같다. 헤르만 헤세의 『데미안』에 있는 "나는 내가 생각하는 대로 살려고 했다. 그러나 그것이 그렇게도 어려웠던가?" 라는 구절이 내 젊은 시절을 지배했던 것도 같다.

중년의 나이에는 세상 물결의 줄기에서 튕겨 나가지 않으려고 무거운 멍에를 맨 소가 되어 돌고 또 돌아 이제 평균수명을 넘기게 되었다. 나는 이제 인명재천이라는 말을 생각한다. 오래 살고 싶어서가 아니라 조용히 가고 싶어서이다.

로마 황제 시저(Julius Caesar)의 '예측하지 않는 죽음'이란 말이 요즘 나에게 많은 것을 생각하게 한다. 그는 왜 이런 말을 했을까? 나는 이 단어를 스스로에게 묻고 있다.

잘 살기도 어렵지만 잘 죽는 것도 어려운 것 같다. 삶은 어느 정도 내 생각과 노력으로 가능하지만 죽음은 오직 하늘의 뜻이기 때문이리라. 나는 인도의 지도자 비노바 바베의 죽음을 감명 깊게 읽었다. 불교 신자인 그는 죽음을 친구와 같은 존재라고 했다. 그의 삶은 존경스럽고 죽음은 더 경이롭고 아름답게 느껴진다.

나는 이제 나의 유언장을 쓰려고 한다.

나는 죽음 앞에서 칸트처럼 '좋다'라고 말하지 못할지언정 괴테처럼 "햇빛을 더"라든지 장 포 싸르트르처럼 "나는 이제 어디로 가야하느냐?"는말로 불안해하고 싶지 않다.

나는 내 생을 감사한다. 평균수명을 살았으니 내 생을 다 산 것이고 아무 때 가도 억울할 것도 아쉬워할 것도 없다. 이제부터 나는 아침에 눈을 뜨면 "감사합니다" 하고 하루를 시작하리라.

나는 죽어서 나무가 되리

첫째, 나의 가족, 친척, 의사에게. 만약 내가 나의 죽음에 대해 결정을 내리지 못하는 때가 오면 여기에 쓴 내용을 유언장으로 대신하여 주기 바라오. 만약 육체적, 정신적 회복이 불가능하다면 나는 조용히 죽기를 요청하며 인위적이거나 의약의 방법으로 연명시키지 말기를 간절히 요청하오.

이러한 요청은 많은 생각 끝에 내린 결정이니 비록 이 유언장이 합법적이 아닐지라도 나의 가족, 친척, 의사는 나의 소망을 저버리지 말아 주시오.

둘째, 내가 죽거든 멀리 있는 친척들, 친구들 그리고 제자들에게 알리지 말아주오. 나는 조용히 왔으니 조용히 가고 싶소.

사랑하는 아내여!
내가 죽거든 고향 산소 양지 쪽에 묻어 주오.
그리고 그 위에
전나무를 심어 다오.
나는 한 그루의 나무가 되어
찾아오는 새들의 노래를 들으리라.

내 영혼 잠잠해지고

마을 뒤 넓은 들 동쪽 끝에
작은 둠벙이 하나 있었다
그 둠벙에서 소와 함께 낚시질하던 소년
반추하는 소 옆에서 꾸벅 꾸벅 졸다가
제풀에 둠벙에 툼벙 빠지고서
"다 너 때문이야" 하며 소고삐를 후려치며 울었던
소의 친구 소년
지금은 아슴한 기억 속에 향수의 낚싯줄을 당기네

동백꽃이 피면
소쩍새 울음에도 발정 난 사슴처럼
두근두근 가슴 뛰던 내 청춘
파아란 여름날
바람은 수평선 바다 가슴을 출렁이고
내 출렁인 가슴은
그리움의 씨줄과 아픔의 날줄의 북이 되어
밤마다 철썩 철석 베틀 노래를 불렀네

동백꽃 숲에 소쩍새는 날아가고
방황도 그리움도 노래하기엔

쑥스러워진 내 중년

주어진 달란트 땅속에 묻지 않으려고

운명의 멍에를 맨 소가 되어 돌고 또 돌았네

동백 숲 빨간 꽃잎 사랑도

방황하던 술잔 가슴에 파인 자국도

여울져 가는 시간 속에서

추억을 향수하는 내 노년

이제는

묵묵히 메고 가네

메고 갈 수 있네

내 등에 메어진 멍에

소크라테스의 죽음과
예수의 죽음

플라톤은 스승 소크라테스의 죽음을 '아름다운 죽음'이라고 말했다. 그러나 성서는 예수의 죽음을 '처절한 죽음'으로 묘사하고 있다.

소크라테스의 죽음은 의연했다.

소크라테스는 아테네 시민들의 도덕의식을 개혁하기 위해 "너 자신을 알라. 너의 무지를 알라"는 명언을 외쳤던 그리스 철학자이다. 그런데 그 외침이 죄목이 되어 아테네 법정으로부터 사형선고를 받았다.

소크라테스가 사형선고를 받고 감옥에 있을 때 그는 제자 플라톤에 의해서 구출될 수 있었다. 그러나 그는 자유의 몸이 되는 것을 거부했다. 그리고 그는 "악법도 법은 법이기 때문에 지켜야 한다"는 명언을 세상에 남기고 아테네 법에 따라 독 사발을 받았다.

플라톤은 이러한 스승의 죽음을 '아름다운 죽음'이라고 표현했다. 왜냐하면, 소크라테스는 죽음을 피할 수 있었음에도 불구하고 죽음을 선택했기 때문이다. 죽음을 두려워한 것이 아니라 자신의 실존(운명)으로 받아들임으로써 죽음을 초월한 인간이 되었다고 본 것이다.

플라톤은 『파이돈』에서 죽음은 육체로부터 영혼을 자유롭게 해주는 해방자라고 했다. "우리의 육체는 우리가 살고 있는 한 우리의 영혼을 자유롭지 못하게 한다. 우리가 살고 있는 한 영혼은 육체 속에 갇혀 있기 때문이다. 실로 죽음은 영혼의 해방자이다. 죽음은 쇠사슬을 풀어준다. 죽음은 영혼을 감옥으로부터 해방시켜 그의 영원한 집으로 되돌아가게 한다"

플라톤은 인간의 육체는 가상이며 영혼이 인간의 본질이라고 보았다. 그러므로 인간의 육체적 죽음은 영혼을 해방시켜주는 해방자로서 죽음을 통해 비로소 영원한 자유로운 인간이 된다고 믿었다. 그러므로 소크라테스의 죽음은 비극이 아니고 실존이요 자유이며 축복이라는 것이다.

예수의 죽음은 처절했다.

예수는 헤롯이 유대 땅의 왕이던 시대에 목수 요셉의 약혼녀 마리아에게 성령으로 잉태하여 태어났다(마태 1장). 예수는 나사렛이라는 시골 마을에서 살다가 30세에 세례요한에게 세례를 받고, 하늘나라가 가까워져옴을 설교하고 많은 기적을 행했다. 특히 병들고 가난하고 억눌린 자를 위해 하느님의 사랑을 절규하고 자신이 이스라엘 왕임을 선포했다. 이것이 죄목이 되어 빌라도 법정으로부터 십자가 사형선고를 받았다.

예수는 빌라도의 군인들에 의해 머리에 가시면류관을 쓰고 피를 흘리며 십자가를 지고 골고다 언덕으로 끌려가 십자가에 달려 군인들 칼에 찔림을 당해 죽었다.

예수는 자신의 죽음을 예견했다. 예수는 자신의 죽음을 예견하고 있었으면서도 피하지 않았다. 예수는 죽음을 피하지는 않았지만, 소크라테스처럼 의연하게 죽음을 맞이하지는 않았다. 죽음을 맞이할 수밖에 없는 길이었다면 하느님의 아들답게 좀 더 의연하게 맞이할 수도 있었을 터인데 그러지 않았다. 왜 그랬을까?

성서에는 이렇게 기록되어 있다. 예수의 죽음은 두려움과 슬픔의 그것이었다. 죽음의 광경도 처절했다. "하느님, 하느님, 어찌하여 나를 버리시나이까?" 그리고 알지 못할 소리를 하고 운명했다. 이렇게 예수의 죽음은 처절했다. 예수의 죽음은 소크라테스의 그것과는 사뭇 다르게, 보통 인간들이 겪은 처절한 죽음의 모습과 같은 것이었다.

예수의 죽음은 어떤 뜻이 있을까?

이 뜻은 인간이 죄인이라는 점에서 출발한다. 사람은 태어날 때 불교에서는 업보라는 죄를 그리고 기독교에서는 원죄를 가지고 태어났다고 본다. 즉 모든 인간은 이 세상에 올 때 육(肉)이라는 죄의 옷을 입고 왔다는 것이다.

하느님은 이러한 인간을 구원하기 위해 세상에 오신 것이다. 즉, 하느님은 예수를 통해서 한 인간이 되었고, 한 인간의 모습으로 이 세상에서 살았고, 마지막에는 죽음의 고난까지도 보통 인간들처럼 불안하고 초조한 모습으로 최후를 맞았다.

성서는 예수의 죽음사건을 이렇게 기록하고 있다. 예수의 십자가 사건은 "예수 안에 있는 하느님의 사랑을 유한한 인간의 영생을 위하여 내어준 것"이라는 것이다. 따라서 예수의 죽음은 소크라테스의 죽음과 근본적으로 차이가 있다. 소크라테스의 죽음은 자신의 초월에 있었지만, 예수의 죽음은 자신의 초월에 있지 않고 인류의 죄를 대신 지고 가는 '어린 양 예수'라고 빌립보서 2장은 말하고 있다. 그러므로 예수의 죽음사건은 육체를 가진 인간의 고난사건임과 동시에 유한한 인간성을 초월한 '죽음과 부활'의 사건이 되었다. 이것이 예수의 성육신(Incarnation)이다.

인간은 이 성육신 사건을 통해서 유한성으로부터 영생의 소망을 갖게 되었다. 그러므로 인간의 삶의 목표는 무덤이 아니고 영생부활이다. 인간은 죽음으로부터 해방되어 그리스도의 부활사건에 참여하는 것이다. "나는 부활이요 생명이니 나를 믿는 자는 죽어도 살겠고, 무릇 살아서 믿는 자는 영원히 죽지 아니하리라(요 11)" 인간은 이 은혜로 죽음이 삶의 끝이 아니라 다른 삶의 시작이라는 소망을 갖게 되었다. 이것이 예수의 죽음이다. 그러므로 예수의 죽음은 아름다운 죽음을 넘어서 거룩한 죽음이 되었다.

서현승 베드로 신부, 'Jesus'

고난의 향기

억울한 자
옥에 갇힌 자
주리고 목마른 자를 위하여
머리 둘 곳이 없었던
주님

제자들의 발을 씻기시고
고난을 겪기 전에 파스카 음식을
나누어 주신
주님

피 묻은 십자가를 지고
하늘을 향하여 "엘리 엘리 사박다니" 외치고
고개를 떨구신
주님

당신의 아픔이 하늘에 이르고
주의 고난의 향기가 온 땅을 적시나이다

그리움
기다림 · 외로움

삶은 기다림이다.

나무들은 봄을 기다리고, 다람쥐들은 가을을 기다린다. 그리고 인간은 내일을 기다린다. 기다림은 그리움이고 꿈이고 소망이다. 동시에 기다림은 아픔이고 슬픔이고 두려움이다. 그러나 우리는 내일에 대한 꿈과 소망이 없는 삶은 절망이기 때문에 소망을 품고 살면서 내일을 기다린다.

오늘도 우리는 기다림·그리움의 여행을 한다.

> 엄마가 섬 그늘에 굴 따러 가면
> 아기가 혼자 남아 집을 보다가
> 바다가 불러 주는 자장노래에
> 팔 베고 스르르르 잠이 듭니다.
>   - 이흥렬, '섬 집 아기' 중 -

기다림을 노래한 아기의 그리움이다.

"그 겨울이 지나 또 봄은 오고, 또 봄은 가고, 그 여름날이 가면 세월이 간다. 세월이 간다. 아 그러나 그대는 내 님일세 내 정성 다하여 고대하노라 늘 고대 하노라" 솔베이지의 가슴에 고인 기다림은 사춘기 소녀의 그리움·기다림의 노래다.

"동짓달 기나긴 밤을 한 허리를 배어 내어 춘풍 니불 아래 서리서리 너헛다가 어른 님 오신 날 밤 이어든 구뷔구뷔 펴리라" 성숙한 여인의 그리움·기다림이다.

소망의 그리움·기다림

고대 희랍에서는 전쟁으로 날이 새고 졌다. 호메로스의 '일리아드'와 '오디세이'는 전쟁을 그린 일대 서사시이다. 트로이 10년 전쟁에 참여한 남편 오디세우스를 기다리는 아내 페넬로페는 유혹자의 유혹을 물리치는 수단으로 베틀 위에서 줄곧 산다. 끈질긴 유혹자에게 페넬로페는 약속한다. 지금 자기가 짜고 있는 베 한 필을 다 짜는 날 유혹에 응하겠다고. 그날부터 페넬로페는 한나절 동안에 짠 옷감을 밤사이에 모두 풀곤 함으로써 10년간의 유혹을 물리쳤다. 임을 향한 기다림에 대한 소망이다.

처절한 그리움·기다림

무선통신 수단이 없던 때에는 바다를 항해하던 배가 풍랑을 만나 침몰할 마지막 순간에 선원들이 어떻게 할까? 또 무엇을 할 수 있을까? 그것은 오직 한 가지, 파도에 술병을 던지는 일이다. 난파의 마지막 순간에 일어났던 파도와의 싸움, 공포, 불안, 처절하고 절망적인 순간들과 그들의 이름, 날짜를 떨리는 손으로 적어 그들이 마셔버린 빈 술병 속에 넣어 그것을 바다에 던진다. 자신을 기다리는 사랑하는 가족을 그리며…

그 술병이 어떻게 어디로 표류할지도 모르면서, 산호초에 부딪쳐 깨어져 가라앉아 버릴지도 모르면서, 그래서 아내가 기다리는 항구에 도달하지 못할지도 모르는 그 술병. 그러나 그들은 그렇게 한다. 이것을 항해사의 아내는 알고 있을까? 그렇다. 아내는 알고 있다. 그렇다 할지라도 아내는 기다린다. 돌아오지 않을지도 모르는 남편을, 그것이 그리움·기다림이다.

전라도 남쪽 섬 곽도에는 젊은 색시 시절 남편을 바다에 묻고 살고 있는 85세의 어부의 아내가 있다. 40년이 지난 오늘까지 아홉 사람이 탄 고깃배가 풍랑을 만나 돌아오지 못했다. 어부의 아내는 할머니가 되었지만 지금도 풍랑이 일면 잠을 설친다고 한다. 그리움일까? 기다림일까?

기다림·그리움은 절망을 이겨내는 영혼들의 노래

그리움·기다림은 절망적일 때 찾아오는 소망이다. '히브리 노예들의 합창'이 그렇다. 이 노래는 바벨론 왕 느부갓네살(Nebuchadnezzar)의 침략으로 예루살렘이 함락(B.C. 586)되고 이스라엘의 모든 성이 불타고 수많은 이스라엘 백성이 바벨론으로 끌

려가 70년이란 긴 기간 노예생활을 하면서 하느님의 구원을 기
다리며 부른 그리움의 노래다.

  내 마음아 황금빛 날개로
  언덕 위에 날아가 앉으라.
  아름답고 정다운 내 고향
  산들바람 불어주는 내 고향
  요단강 강물에 인사하고
  시온 성 무너진 탑을 보라.
  오, 조국 빼앗긴 내 조국
  내 마음속 비탄에 사무치네.

  운명의 여신의 하프 소리
  그리운 가락을 들려다오.
  마음속에 불타오는 추억
  정답게 나에게 말해주오.
  구슬픈 운명의 솔리마여
  비탄 젖은 소리를 지를 때
  그대 위에 주님의 노래가
  자비를 베풀어 주시리.
  자비를 베풀어 주시리.
  베풀어 주시리.

'히브리 노예들의 합창'은 이탈리아 출신 베르디(G. Verdi)가 작곡한 오페라 '나부코'에 나온 곡이다. 베르디가 이 곡을 작곡했을 때 이탈리아는 오스트리아의 지배 아래 있었다. 베르디는 조국 이탈리아의 독립을 열망하며 이 곡을 작곡했다고 한다. 절망적 상황에서도 소망을 잃지 않고 하느님의 구원을 기다리는 히브리 노예들의 합창은 이탈리아인들에게 강한 애국심을 일으키게 했다고 한다.

이 곡을 앙코르 받았을 때 지휘자는 관중을 향해 돌아서서 지휘하고 합창단원들도 관중들도 한목소리로 합창하며 눈물을 펑펑 흘린다고 한다. 이 곡은 이탈리아인들에게는 그저 노래가 아닌 것이다. 조국을 위한 그리움이고 사랑이다. 우리 민족이 일제하에 있을 때 애창했던 '아리랑'처럼 말이다.

영원을 향한 소망 그리움·기다림

인간에게는 소박한 기다림이나 처절한 기다림을 넘어선 영원을 향한 기다림이 있다. 인간의 기다림이 현세적인 것으로만 끝이 난다면 그 기다림은 너무나 허무하기 때문이리라.

플라톤은 "인간이 행복하게 살지 못한다면 삶의 보람이 있겠는가?"라고 말했지만, 성 아우구스티누스(St. Augustinus)는 "아무리 행복한 삶이라 할지라도 영원히 살지 못한다면 그 또한 무슨 의미가 있겠는가?"라고 말했다.

유대교인들은 대망의 메시아를 기다린다. 대망의 메시아를 기다리는 영혼들이 어찌 유대교인들뿐이겠는가! 우리 모두는 오늘도 메시아의 하프 소리를 그리워하고 기다린다. 외롭기 때문이다.

그리움·외로움·괴로움이 '청춘의 트라이앵글'이라는 말이 있다. 그러나 그리움·외로움·괴로움이 어찌 청춘들만의 트라이앵글이겠는가! 엄마를 기다리다 잠이 든 섬 그늘 아기도, 고깃배를 탄 남편을 기다리는 어부의 아내도, 전쟁에 나가 돌아오지 않는 아들을 기다리는 어머니도, 하나님을 그리워하면서 합창을 하는 히브리 노예들도 모두 그리움·기다림·외로움을 노래 부른 영혼들이다. 우리 모두는 외롭기 때문에 영원을 기다리는 고뇌하는 영혼들이다.

기다림 · 그리움 · 외로움

인연으로 얽힌 情의 세월이
덧없이 흘러간다 해도

고독의 난간에 서 있는 기다림이
아픔으로 남는다 해도

밀물처럼 밀려오는 그리움이
허공에 부딪쳐 산산조각이 난다 해도

그대의 방에 머물고 싶어
오늘도 나는 그대의 숲을 걷고 있다

마치는 글

고뇌하는 영혼의 노래

어떤 사람이 신(神)의 숲 속을 거닐고 있었다. 신이 나타나 "그대는 소원이 무엇인가?"라고 물었다. 그는 머뭇거리다가 이렇게 대답했다. "사랑, 돈, 그리고 권력을 갖고 싶습니다" 신은 이렇게 말했다. "그대는 욕심이 많군, 나는 한 사람에게 모든 복을 주지 않으니 그중 한 가지만 말하오"

그대가 이 질문을 받았다면 권력, 돈, 사랑 중 무엇을 선택하겠는가? 역시 머뭇거리고 갈등할 것이다. 이 이야기의 주인공인 트로이의 왕자 파리스 역시 이 제안을 받고 많이 갈등했다. 그러나 그는 사랑, 돈, 권력 중 사랑을 선택했다. 왜 사랑을 선택했을까? 그 이유를 호메로스의 서사시 『일리아드』에서 들어본다.

아프로디테의 탄생: 인간의 운명은 비너스의 탄생부터 복잡하게 엉킨다. 미와 사랑의 여신(女神) 비너스는 희랍말로 아프로디테다. 아프로디테는 언제나 인간의 가슴에 가쁨과 사랑을 주기도 하지만 다른 한편으로는 인간의 마음을 아프게 한 여

신이다.

아프로디테의 탄생은 우주를 다스리는 천신(天神) 우라노스가 그의 아들 괴신(怪神) 크로노스에게 육체의 일부를 절단당했을 때 그의 피가 지중해에 떨어졌다. 거기서 하얀 거품이 일면서 청순하고 아름다운 여인이 떠올랐다. 그 여인이 아프로디테다. 그녀의 탄생을 지켜보던 바람의 신 제피로스가 그녀를 지중해 키프로스 섬으로 옮겼다. 거기서 사계절의 여신들이 발가벗은 아프로디테에게 청초한 옷을 입히고 허리까지 늘어진 머릿결을 빗어 '올림푸스' 산상으로 데리고 같다. 올림푸스 산상에는 제우스신과 다른 신들이 있는 곳이다. 아름다운 아프로디테는 여기서 격이 가장 높은 열두 신좌(神座) 중 하나를 얻어 미와 사랑을 대표하는 여신이 되었다.

바람둥이: 고향에서 따분하게 지내던 아프로디테는 귀양살이에서 풀려나기 위해 바다의 신 포세이돈에게 부탁하여 그의 조정으로 올림푸스로 다시 돌아온다. 그러나 아프로디테는 올림푸스에서 지위가 가장 높은 제우스의 처 헬라와 '아테네'의 수호신 아테나의 비아냥거림에 자존심이 상해 복수할 기회를 엿보다가 어느 날 두 여신에게 셋 중에서 누가 제일 예쁜지 시합을 하자고 제의한다. 심사는 지상의 미남 청년 '트로이' 왕자 파리스를 제우스 생일잔치에 초청하여 잔치 절정에 제우스 앞에 놓인 황금의 사과를 파리스가 세 여신 중 가장 아름다운 여신에게 주는 의식을 갖기로 했다.

아프로디테의 제안을 수락한 두 여신은 파리스에게 접근하여 뒷거래를 시작한다. 헬라는 비밀리에 파리스를 만나 자신을 뽑아주면 전 '아시아의 왕'으로 삼겠다고 매수했고, 아테나는 모든 전쟁에서 이기게 하여 '승리의 황금 면류관'을 씌워주겠다고 약속했다. 두 여신의 뒷거래를 알아챈 아프로디테는 파리스에게 찾아가 자신을 뽑아주면 '지상에서 제일 예쁜 여인

루벤스, '파리스의 재판'

과 결혼시켜주겠다'고 유혹했다. 파리스는 세 여신의 유혹을 놓고 고민하다가 결국 아프로디테에게 황금의 사과를 주었다.

트로이 전쟁: 신바람이 난 아프로디테는 약속대로 지상에서 제일 예쁜 여인 '스파르타'의 젊은 왕비 헬렌을 파리스에게 준다. 유괴된 '스파르타' 왕비도 '트로이' 왕자 파리스를 열렬히 사랑하게 되어 '트로이' 성에서 행복하게 살았다.

그런데 이야기는 여기서 끝나지 않는다. '스파르타' 왕은 빼앗긴 왕비 헬렌을 찾기 위해 전 그리스 연합군을 결성하여 바다 건너 '트로이'로 진군했기 때문이다. 그리스 연합군은 '트로이' 왕에게 목마를 선물로 바치겠다고 속여 군대를 숨긴 목마를 '트로이' 성으로 밀고 들어가 급기야 '트로이' 성을 함락시킨다. 이것이 저 유명한 '트로이 전쟁'이다.

세 여신의 제안을 받은 파리스는 갈등했다. 그는 헬라가 제안한 왕관도, 아테나가 제안한 황금도, 아프로디테가 제안한 사랑도 모두 갖고 싶었기 때문이다. 그러나 한 인간에게 세 가지 복을 모두 주지 않는 신의 뜻을 안 파리스는 셋 중 하나만을 선택할 수밖에 없었다. 그래서 그는 어쩔 수 없이 '사랑'을 선택했다.

그대가 파리스라면 사랑을 선택했을까? 아마 사랑보다는 권력(출세)을 선택했을 것이다. 왜냐하면 우리는 권력을 손에 넣으면 사랑도 돈도 함께 따라온다고 믿고 있기 때문이다. 그래서 인간은 오직 권력을 얻기 위해 남을 짓밟으면서까지 평생을 싸운다. 그러나 권력은 언제나 돈과 사랑의 유혹을 물리치지 못하는 속성을 가지고 있어서 결국 사랑과 돈의 유혹에 발목을 잡혀 망가지고 만다.

우리는 또 돈을 얻기 위해 한평생을 동분서주한다. 가난도 억울함도 모두 돈으로 보상받을 수 있다고 믿고 있기 때문이다. 사실 그것도 그렇다. 현대 사회는 돈이면 권력도 사랑도 'OK'인 세상이 아닌가! 그래서 우리는 오직 돈을 벌기 위해 남을 속이고 울리고 갖은 수단을 동원한다. 그러나 우리는 희랍신화 황금을 사랑하는 왕 마이다스(Midas)처럼 돈의 노예가 되어 결국 본래의 자신의 모습을 잃어버리고 망가져 종국에는 돈을 품에 안고 눈물을 흘린다.

우리는 또 돈과 권력의 유혹을 물리친 파리스를 닮은 행동을 한다. 인간은 돈과 권력을 소유할지라도 사랑 없이는 행복할 수 없다고 믿고 있기 때문이다. 사실 그것도 그렇다. 신이 인간에게 준 가장 소중한 선물이 '사랑'이기 때문이다. 그러나 사랑은 죽음을 뛰어넘을 만큼 강하다고 하지만, 그러한 사랑도 돈과 권력의 유혹에는 스르르 무너져버린다 "가난이 한 쪽 문으로 들어오면 사랑은 다른 쪽 문으로 나가버린다"는 속담처럼. 사랑은 힘 없이는 지켜지지 않는다. 인간은 사랑만으로 만족하는 고품격의 동물이 아니기 때문이다.

파리스는 돈, 권력 그리고 사랑을 앞에 놓고 갈등했다. 그리고 사랑을 선택했다. 파리스가 선택한 사랑은 행복을 위해서 옳은 선택이었을까? 그렇다. 파리스는 그렇게 믿었다. 그러나 아프로디테를 질투하는 헬라와 아테나는 자신들의 자존심을 구긴 파리스의 그런 행동을 용납할 수 없었다. 파리스의 행복은 두 여신의 노여움으로 끝이 나고 말았다. 파리스의 사랑의 대가는 너무나 가혹했다. 사랑은 돈과 권력 없이는 지켜지지 않는다는 것을 파리스는 미처 알지 못했을까?

황금, 권력, 사랑은 도대체 인간에게 무엇일까?

소망과 꿈을 품게 하는 행복의 조건 돈, 권력, 사랑은 우리에게 '환상'에 불과한 것일까? 왜 이 행복이라는 주제는 언제나 그 대가를 치르게 하며 우리를 괴롭히는가?

인간은 누구나 두 갈래 혹은 세 갈래 길에서 갈등하는 동물인 것 같다. 이 길을 갈까? 저 길을 갈까? 고민하고 망설이고 갈등하다 종국에는 넓고 밝은 길을 선택한다. 그리고 그 길을 간다. 사랑도 그렇고 직업도 그렇고 돈도 그렇고… 그런데 왜 인간은 자기가 선택한 길을 가면서도 선택하지 않은 다른 길에 미련을 버리지 못하고 살아가는 걸까? 파리스가 세상에서 가장 아름다운 헬렌을 선택했으면서도, 헬라와 아테나의 제안을 거절하고 아쉬워했던 것처럼 말이다. 불안 때문일까? 운명 때문일까? 그렇다. 인간은 이 길을 가거나 저 길을 가거나 미련을 버리지 못하는 운명적 불안한 '미련인'이다. 소돔성이 멸망할 때 롯의 아내처럼(창세기:18:22) 뒤를 돌아보는 것이 인간의 본능인 것 같다.

파리스는 죽으면서 후회했을까? 아테나의 말을 듣지 않았던 자신을? 만약 파리스가 아프로디테의 손을 들어주지 않았다면 그의 운명은 어떻게 되었을까? 아마 그는 아시아의 왕이 되었거나, 전쟁에 승리한 나폴레옹처럼 황금의 면류관을 썼을지 모른다. 설령 그렇다 하더라도 파리스가 권력 혹은 돈을 선택하고 사랑을 버렸다면 행복했을까?

키에르케고르는 이렇게 말했다. "여러분 결혼하십시오. 후회할 것입니다. 결혼하지 마십시오. 그래도 후회할 것입니다" 그는 그가 그렇게 사랑했던 레기네 올센과 신(神)을 놓고 '이것이냐 저것이냐'의 갈림길에서 고뇌하고 갈등했다. 그러다가 그는 넓고 밝은 길이 아닌 좁은 길 '신 앞에 선 단독자'의 길을 선택했다. 왜 그랬을까? 그는 "후회하지 않기 위해서"라고 말했다.

그러나 "인자는 머리 둘 곳이 없다"고 술회한 예수처럼 그는 말년에 "나는 그림자 하나 던지지 않고 고고(孤高)하게 서 있는 쓸쓸한 노송나무"라고 술회했다.

인간은 어떤 존재일까?
파리스와 같은 존재일까?
키에르케고르와 같은 존재일까?

인간은 살아 있는 동안 누구나 행복에 대한 꿈을 꾼다. 그리고 그 꿈을 실현하기 위해 최선을 다한다. 그러나 그 꿈은 빗나가기 일쑤다. 꿈은 최선만으로 가능하지 않기 때문이다. 그래서 인간은 행복에 속고 실망하고 눈물을 흘린다. 파리스처럼, 잘못된 선택 때문일까? 아니면 운명 때문일까?

그리스 대 시인 호메로스는 그의 서사시 '유토피아'에서 이렇게 읊었다. "파리스를 원망한 아테나가 그리스군의 편을 들어 트로이성은 스파르타군에 함락당하고 파리스는 스파르타군의 칼날에 찔려 죽었다. 헬렌은 울며불며 스파르타로 되돌아갔다. 그리고 아프로디테는 하늘 위에서 지상의 이런 광경을 내려다보며 수수께끼의 미소를 짓고 있었다"

인간 행복의 판타지
황금

권력

사랑

선택할 수 있는 것일까?

이미 정해진 운명일까?

독일의 철학자 야스퍼스는 화가가 전람회를 여는 것을 '사랑 싸움'이라고 했다. 전람회는 자기향상을 위한 몸부림이다. 고뇌하는 영혼의 아름다운 향기이다. 그러나 전람회는 다른 사람과의 관계에서 보면 경쟁이고 싸움이다. 그래서 세상은 '사랑의 장'인 동시에 '싸움의 장'이다. 이 싸움의 여정은 인생 오디세이다. 이 여정에서 우리는 때로 아픔의 눈물을, 때로 기쁨의 눈물을 그리고 후회와 참회와 감사의 눈물을 흘린다. 그리고 그런 과정을 겪고 난 어떤 순간에 우리는 인생은 하나의 '고뇌하는 영혼'이라는 것을 깨닫게 된다.

인생 오디세이, 고뇌하는 여정, 이 여정에 영원한 동행자가 있을까? 홀로 와서 홀로 가는 것이다. 어디에서 와서 어디로 가는지는 모르지만, 오직 신의 은총이 동행해 주리라는 믿음을 가슴에 품은 여정이다. 그래서 인생은 신을 찾아 헤매는 고뇌하는 영혼의 노래이다.

주여!

당신의 자비가 하늘에 이르고
진실하심이 온 땅을 덮나이다.
생명의 샘이 진정 당신께 있고
우리는
당신의 빛을 통해 만물을 봅니다.